나의 돈키호테를 찾아서

나의 돈키호테를 찾아서

포기하지 않으면 만나는 것들

김호연 지음

푸른숲

프롤로그

다섯 번째 소설을 쓸 수 있을까에 대해 심각하게 고민하게 된 건 네 번째 소설이 출간되고 열흘이 채 지나지 않아서였다. 2019년 4월 말. 시내 대형 서점에 들른 나는 신간 매대에서 사라진 네 번째 소설을 찾아 책장 사이를 분주히 오갔다. 그리고 책장에 단단히 박혀 있는 내 책을 발견했다.

《파우스터》. 괴테의 희곡 《파우스트》에서 영감을 얻은 이 소설을 쓰기 위해 3년이란 시간이 필요했고, 출판사의 선인세만으로 충분치 않아 시나리오를 썼다. 즉 소설을 쓰기 위해 시나리오를 썼고, 그것을 팔아 번 돈으로 시간을 샀다. 메피스토펠레스에 영혼을 팔기라도 할 듯 몰두해 초고를 완성할 즈음 어깨가 마비돼 응급실을 찾아야 했다. 진단은 목 디스크 재발이었다.

결국 통증 병원 치료 후 작업실에 출근하는 루틴으로 재고 작업을 수행해야 했다. 그렇게 낫지 않는 목 디스크처럼 지난한 다시 쓰기를 반복하던 2018년 말, 마침내 출판사에 보낼 원고를 완성했다.

출판사에서 지적한 부분을 받아들이고 다시 수정을 거치자 오히려 분량이 늘은 이 작품을 편집장은 놀랍게도 지지해 줬다(대개 출판사에서는 수정을 통해 분량을 줄여 달라 요청하곤 한다). 그리하여 544쪽의 정통 스릴러 소설 《파우스터》가 탄생했고 나는 벽돌 책을 쓴 작가가 됐다.

데뷔작 《망원동 브라더스》가 독자들의 사랑을 얻고 영화와 연극으로 제작되면서 경제적 여유를 찾았을 땐 이제 소설가로 마음껏 살면 되는가 싶었다.

두 번째 소설 《연적》을 호기롭게 출간했을 때도 그 기대는 여전했다. 하지만 세상은, 출판 시장은 자기 이야기가 최고라고 생각하는 작가에게 물을 먹이는 법을 잘 알고 있었다.

《연적》의 부진 이후 절치부심 작업해 완성한 세 번째 소설 《고스트라이터즈》는 카카오페이지에서 선연재 했을 때 여러 차례 조회 수 1위를 기록해 기대가 높았다. 그러나 출간된 뒤에는 역시 별다른 반응을 얻지 못한 채 책장에 꽂히거나 '재고 없음'으로 분류됐다.

그즈음 전업 소설가로 산다는 건 고라니로 사는 것과 같은 일이라는 생각이 들었다. 세계적인 희귀종이지만 한국에서는 애물단지 취급을 당하는, 사람이 고문당할 때 나오는 비명 같은 목청을 지닌 동물. 희귀하지만 희한한, 별 쓸모없는데 중요하다고 여겨지는, 그래서 잡아 죽이기도 뭣하고 보호하기에도 힘이 드는 존재.

하지만 고라니의 울부짖음같이 나는 네 번째 소설을 썼다.

《파우스터》는 주인공인 야구 선수 준석의 강속구처럼 전력투구한 작품이었다. 그동안 작품 성향과는 다른 스릴러 장르에 도전했고, 그동안 쓴 소설 중 가장 많은 시간과 공력을 투자한 작품이며, 위즈덤하우스라는 메이서 출판사의 든든한 편집자와 의기투합해 모든 집필 역량을 쏟아부었다.

새 책이 대형 서점 신간 매대에 머무르는 시간은 길어야 열흘 전후다. 이후에는 베스트셀러 매대로 옮겨가거나(대한민국 축구가 월드컵 16강에 진출하는 정도의 난이도), 서점에 돈을 내 전용 매대를 사야(매우 비쌈) 독자들에게 계속 책을 어필할 수 있다. 이 말은 출간 후 열흘이면 신간의 흥행 여부가 얼추 가늠이 된다는 말이다.

물론 몇 년 뒤에라도 관찰 예능에 출연한 연예인이라면 냄비 받침으로 쓰려고 무심코 집어든 책이 내 책이고 거기에 국물을 흘려 책이 자연스레 클로즈업된다든가, 처제가 갑자기 회사를 때려치우고 100만 유튜버가 돼 형부의 책을 자신의 유튜브에 출연시켜 준다면 역주행할 가능성은 있다. 가능성은 늘 있다.

그날, 대형 서점 책장에 꽂혀 있는 내 책을 보며 나는 가능성 따위는 없을 수도 있다고 생각했다. 대신 하늘은 스스로를 돕는 자를 돕는다는 격언을 되뇌며 장벽 같은 책장에서 벽돌 같은 책을 뽑아 계산대로 향했다. 그게 내가 내 책을 사는 마지막 행위가 될지도 모르겠다는 멜랑콜리한 생각을 품은 채.

*

일주일 뒤, 동네 공원 벤치에 앉아 이제 뭘 쓸까, 아니 뭘 해 먹고 살까를 고민 중이었다. 저점을 지나 땅을 파고 있는 영화계에서 시나리오를 써 계속 생계를 유지할 수 있을까? 드라마 판으로 가서 그 길다는 16부작 드라마 작업에 도전해야 할까? 아니면 그럴듯한 필명을 정한 뒤 신인의 자세로 웹소설 시장에 뛰어들어야 할까? 무엇이 글을 돈으로 바꿔줄까? 아니면 더 이상 글을 돈으로 바꾸는 나만의 연금술은 불가능해진 걸까? 그렇다면 장롱에서 면허를 꺼내 운전 기술을 숙달한 뒤 밤마다 취객의 차를 대신 모는 수밖에 없을 진데…….

내년이면 20년 차가 되는 전업 작가가 평일 오후 아이들이 뛰노는 동네 공원에서 품는 고민치곤 어지간히 볼품이 없었다. 물론 그 볼품없는 고민 속에도 소설의 자리는 존재하지 않았다.

그때 호주머니 속 휴대폰이 진동했다. 누군가로부터 전화가 걸려 오며 시작되는 소설은 얼마나 많은가? 하지만 이 이야기는 소설이 아니다. 소설 쓰기를 포기하려던 소설가에 대한 에세이다. 모르는 번호였지만 청탁과 일감이 소중한 나로선 무조건 받을 수밖에 없었다.

발신자는 원주 토지문화재단의 K사무국장이었다. 그가 소속을 밝히는 순간 나는 까맣게 잊고 있었던, 아니 기대를 접었기에 이미 시야 밖에 있었던 어떤 사실을 분명하게 떠올릴 수 있었다.

소식인즉슨, 김호연은 2019년 9월에서 11월까지 스페인 마드리드의 레지던시 '헤지덴시아 데 에스튜디안테스Residencia de Estudiantes'에서 3개월간 묵으며 집필 활동을 할 자격을 얻게 됐다는 것이었다.

소설가의 자격으로.

'돈키호테'에 관한 소설을 쓴다는 조건으로.

✳

운명은 밀당에 능하다. 다시 소설을 쓰겠다는 생각을 접은 그때, 해외에 나가서 소설을 써 보라는 신의 외침이 들려왔다.

"내가 3개월간 먹여 주고 재워 줄 테니 자네가 제안한 대로 《돈키호테》를 한국식으로 다시 써 보지 않겠나? 그걸 할 수 있는 사람은 아마 자네밖에 없을 걸? 왜냐하면 자네 사는 꼬라지가 《돈키호테》를 쓴 그때의 세르반테스 꼴과 똑 닮았으니까. 목 디스크 재발? 금전적 보상? 베스트셀러 등극? 그 따위 시답잖은 걱정, 투정, 기대 따위 죽 쒀서 개나 주고 당장 스페인으로 떠날 채비하게. 소설 속 시골 기사의 여정처럼 멀고 험한 길이 펼쳐질 테니 단단히 준비하고."

그 신은 소설의 신이었다.

나는 얼른 벤치에서 일어나 집으로 돌아갔다. 다섯 번째 소설을 쓰기 위해.

그러나 독자 여러분은 알고 계실 것이다. 나의 다섯 번째 소설은 돈키호테에 관한 소설이 아님을. 이 책에 그 모든 이유와 사연이 담겨 있다.

이제 모험을 시작해 보겠다.•

• 소설《나의 돈키호테》의 프롤로그 마지막 문장을 차용함.

목차

I.

마드리드에는 모기가 없다

1
단 한 번의 행운

내가 지원한 이 사업은 원주 '토지문학관'과 스페인의 '헤지덴시아 데 에스튜디안테스'가 교환학생 교환하듯 매년 한 명의 상대방 나라 작가를 3개월간 서로의 레지던시에 묵게 하는 프로그램이다. 좀 더 설명하자면 토지문학관은 대표적인 한국의 작가 레지던시고, 헤지덴시아 데 에스튜디안테스는 직역하면 그저 '학생 기숙사' 지만 유럽문화유산으로 지정된 110년의 역사를 지닌 명소다. 세계 학계와 예술계에 혁혁한 업적을 이룬 분들이 이곳을 거쳐 갔는데, 대표적으로 아인슈타인과 마리 퀴리, 살바도르 달리, 페데리코 가르시아 로르카 등을 들 수 있겠다. 이런 유서 깊은 곳에 올해 유일한 한국 입주 작가로 선정되는 엄청난 행운이 내게 주어졌다.

운이 좋았다.

2019년으로 4회째인 이 지원 사업은 이미 그 인기와 경쟁률이 차고 넘쳤기에, 나는 로또를 구매하는 심정으로 지원서를 냈고 금세 잊어버렸다. 왜냐하면 그동안 이런 쪽의 지원 사업에서 대부분, 아니 모조리 떨어졌기 때문이었다.

운이 없었다.

한국문화예술위원회ARKO의 작품집 출간 지원(1천만 원 지원)에 세 번 연속 떨어졌다. 서울문화재단의 작품집 출간 지원(1천만 원 지원) 역시 두 번 지원해 모두 물을 먹었다. 한국문화예술위원회의 해외 레지던시 작가 파견 지원*에도 세 차례 지원했지만 한 번도 선정되지 못했다.

데뷔 후 2년 간격으로 쉼 없이 장편소설을 완성한 창작력을 인정받으면 한 번쯤 사업에 선정될 법도 한데,

•   ARKO와 교류 중인 해외 대학이나 기관에 파견 지원한 한국 작가에게 왕복 항공권과 2~3개월의 체재비를 지원하는 제도.

도무지 운이 없었다. 기출간된 책 중 1천 부 정도를 정부가 구매해 도서관 등에 나누는 '문학나눔 도서 보급 사업'이나 '세종도서 선정 사업' 역시 모조리 떨어졌다.

토지-스페인 작가 교류 사업 역시 한 번 떨어졌다. 2018년에 이미 물을 먹은 바 있고, 이에 새로 꼼꼼하게 지원서를 작성해 재도전했다. 그나마 내가 희망을 품은 지점은 스페인 측에서 한국 작가를 직접 선정한다는 데 있었다.

결과적으로 스페인은 《돈키호테》를 한국식으로 해석한 소설을 쓰고 싶다는 나의 지원서를 선택해 줬다. 이것이 문학계의 무수한 지원 사업에서 떨어지던 내가 얻어낸 단 한 번의 행운이었고, 내게 다시 소설을 쓸 힘과 용기를 준 거의 기적과도 같은 손길이었다.

사실 한 번 떨어졌고 또 떨어질 게 족히 예상되는 공모에 아이디어를 짜내 영어 지원서를 쓰고 자료를 정리해 제출하는 건, 그것대로 꽤 번거로운 일이 아닐 수 없다. 로또처럼 돈만 내면 살 수 있는 게 아니다. 하지만 소설가의 자격으로 해외 레지던시에 체류해 보고 싶다는 로망이 있었고, 그걸 이루기 위해서 그 정도의 노력을 하는 근성은 필요한 바였다.

도전은 곧 근성이다. 도전이란 말 그대로 언더독이 탑독에게 덤비는 게 아닌가? 인지도와 실력에서 앞서는 탑독에 맞서 언더독이 가진 유일한 능력이라면 근성밖에 없다. 어차피 노력해도 안 된다며 노력을 폄하하기 전에 근성을 장착해야 했다. 결국 근성 어린 도전만이 미래의 행운을 계획할 수 있는 티켓이니까.

소설가가 영감이나 예술혼을 말하기는커녕 근성 타령이라니, 나란 작가는 도통 폼이 날 겨를이 없다. 하지만 어쩌겠는가. 소설가로 사는 건 고된 일이고 애물단지 고라니 취급을 받지 않으려면 근성 있는 고라니라도 돼야 하는 것이다.

✳

스페인으로 가는 9월까지는 4개월 정도가 남았고 생각보다 준비해야 할 일이 많았다. 아니, 어마어마했다. 일단 돈을 벌어야 했다. 부지런히 영업을 뛰어 시나리오 각색이라도 맡아 여비를 충당해야 했다. 생초보 수준인 스페인어도 제대로 배워야 했고, 객지에 나가 있을 것이니 몸도 만들어야 했고, 1년간 미뤄둔 치과 치료도 받아야 했다(해외에서 이 아프면 답 없어요).

무엇보다 《돈키호테》를 다시 읽어야 했다.

어릴 적 읽었던 동화책 《돈키호테》는 패스하자. 중학교 때 읽었던 다이제스트판 《돈키호테》도 아니다. 고교 시절 피카디리 극장에서 봤던 박중훈·최재성 주연의 〈내 사랑 동기호태〉도 잊자. 대학 시절 휘뚜루마뚜루 읽어 버린 《돈키호테》도 떠올리지 말자. 솔직히 그 시절엔 돈키호테를 읽는 것보다 돈키호테처럼 날뛰는 게 마땅하던 시기라 얼렁뚱땅 읽을 수밖에 없었다.

하지만 지금의 내가 누구인가. 《돈키호테》 못지않은 분량에 내용은 몇 배나 읽기 고된 《파우스트》를 완독하고 《파우스터》란 장편소설도 쓴 사람이 아닌가. 그래, 다시 한번 부딪혀 보자. 새로운 마음가짐으로 《돈키호테》를 읽어 보자.

굳게 마음을 먹은 나는 온라인 주문을 넣으려 인터넷 서점 창을 열었다. 음, 비싸다. 두껍다. 그것도 두 권. 번역자도 다양하다. 판권이 자유로운 고전이니 이곳저곳에서 나왔다. 어쩐지 미루고 싶다. 아니다 진군이다. 기사여, 내게 힘을 주소서. 마침내 나는 숙면 각도가 잘 나오는 목침 같은 판형의 《돈키호테》 1·2권을 주문했다.

며칠 뒤 책이 왔다. 예상 이상의 존재감이었다. 그것들은 편안한 잠자리를 위한 도구뿐 아니라 누군가를 강하게 타격할 수도 있는 물체였다. 맞다. 내 멘탈이 타격받았다. 나는 못 볼 걸 본 것처럼 벽돌 아니 보도블록 같은 책 두 권을 책상 옆으로 치워 두면서 마음을 진정시켰다. 내가 책을 안 읽겠다는 게 아니다. 일단 시나리오 일감을 찾아야 한다. 각색 계약금이라도 받아야 마음의 여유가 찾아오고 책도 읽을 수 있는 법이다.

*

여름이 시작됐다. 온라인 강좌로 틈틈이 스페인어를 익혔다. 올라. 부에노스 디아스. 꼬모 에스타스. 미 놈브레 김호연. 무이 비엔. 간단한 인사를 외우는 것만으로도 버거웠다. 나이 들어 배우는 어학은 내가 늙었다는 것 아니 뇌가 늙었다는 것을 친절하게 상기시켜 준다. 치과 진료는 스케일링 선에서 마쳤고 체중도 슬슬 조절해 나갔다. 용케 얻은 시나리오 각색 일도 부지런히 작업해 나갔다. 그리고 또 뭐가 있더라. 맞아. 책상 옆에 보도블록처럼 놓여 있던 그걸 뜯어내야 했다. 그렇게 미루고 미뤄뒀던 《돈키호테》 1·2권의 완독은 여름 한철 원주 토지문학관에 입주해 해결해야 했다.

스페인에 가기 두 달 전인 2019년 7월에 토지문학관에 입주한 나는 매일 연세대 원주캠퍼스 도서관에 가서 《돈키호테》를 읽었다.*

뙤약볕 아래 국도변 3킬로미터를 걸어 도서관에 다다르면 나 자신이 늙은 기사가 된 듯했다. 도착하는 즉시 800여 페이지의 《돈키호테》가 담긴 갑옷 같은 가방을 벗어 던지고 숨을 고른다. 산초도 둘시네아도 로시난테도 없는 나는 그렇게 돈키호테의, 돈키호테에 의한, 돈키호테를 위한 정신으로 책을 읽었다.

2019년 여름의 끝, 나는 원주 시골의 청명한 하늘과 녹음 아래 아스팔트 평야를 가로지르며 도서관으로 향했다. 그리고 언덕에 올라 맛보는 바람 한 점 같은 에어컨 냉기가 나오는 도서관에서 마침내 《돈키호테》를 완독했다.

---

* 연세대 원주캠퍼스 역시 토지문학관과 교류 관계로, 도서관과 체육관 등을 입주 작가들이 이용할 수 있게 해 줬다. 두 곳 모두에 다시 한번 감사를!

그건 마치 지도를 읽는 행위와도 같았다. 400년 전 세르반테스가 옹골차게 그려 놓은 이야기의 지도를 모험하는 일이었고, 이제부터 내가 써야 할 소설의 지도를 미리 파악하는 것이기도 했다. 후자는 여전히 난망하고 곤란한 지점이었지만 전자는 꽤 황홀하고 충만한 경험이었다. 적어도 나는 《돈키호테》라는 이야기 지도의 매력을 만끽했다. 함정과 골짜기에서 방황했고 정상의 전망에 감탄했다. 이 고지도를 해석해 새로운 나만의 지도로 한국 독자들에게 돈키호테 이야기를 들려주고 싶다는 마음이 들끓었다.

이른바 글을 쓸 준비가 된 것이고 떠날 준비가 된 것이다. 마감과 완독으로 정신없이 보낸 그 여름, 대야를 투구로 쓴 돈키호테처럼 제대로 준비한 것 없이 오직 《돈키호테》에서 받은 영감만으로 출발할 날을 카운트다운하게 됐다.

내가 아는 어떤 분은 해외여행을 떠나며 빈 가방을 들고 나선다. 속옷 하나, 양말 하나, 티셔츠 하나, 바지 하나 모두 현지에서 형편에 맞게 구매하며 여행해 나간다. 그리하여 귀국 비행기에 오를 때면 제법 묵직한 가방을 들고 돌아오고, 그 모든 옷가지는 여행의 추억이

자 기념품이 되는 것이다.

나는 텅 빈 노트북을 메고 간다. 텅텅 빈 작업 폴더에 이야기 하나를 담아오려 한다. 그게 이 여정의 기념품이자 소설가 김호연의 존재 이유가 될 것이다.

9월 1일. 행운을 현실로 받아들이는 첫날이 밝았다.

출발이다.

2
기내에서 만난 돈키호테

오랜만의 단독 비행이다. 4년 전 신혼여행을 포함해 이후 모든 비행 절차는 아내가 책임져 줬고 늘 함께 비행기에 올랐다. 발권부터 짐 부치기, 해외 기간 중 휴대폰을 어떻게 사용하는지와 도착 후 공항에서 숙소까지 가는 법, 무엇보다 서울 우리 집에서 인천공항까지 가는 법까지.

대체로 무능한 남편이었다. 글 쓰는 것 말고는 생활력 제로인 나는 그렇게 여행 '만렙'인 아내의 도움으로 국내외 여러 곳을 다닐 수 있었다. 하지만 이번엔 단독 비행이다. 어찌어찌 공항까지 왔고 어찌어찌 짐까지 부쳤다. 휴대폰은 아내가 미리 세팅해 준 곳에서 해외용 유심을 접수했다. 공항 카페에서 아내표 매뉴얼을 찾아 읽으며 유인원이 휴대폰 다루듯 유심을 갈아 끼우는 연습을 했다. 칩을 바닥에 두 번 떨어트렸지만 휴지로 깨끗이 닦았으니 별 문제 없을 것이라 믿기로 한다.

'에어포트 피크닉'이라는 말이 있다. 공항을 소풍 장소처럼 즐기는 행위를 일컫는 말인데, 그만큼 공항은 볼거리와 먹거리를 갖춘 공간이고 무엇보다 쇼핑에 특화된 곳이다. 면세점. 아, 나와는 북극의 곰과 남극의 펭귄 마냥 사이가 먼 면세점. 세금을 감면해 준다는 데도 나는 도무지 거기서 살 게 없다. 물론 나도 조니워커 블루의 맛을 기억하고 사랑한다. 하지만 넉넉지 않은 여비를 떠올리며 자제력을 한껏 발휘할 따름이다.

대신 공항 서점에 들른다. 버릇처럼 내 책을 찾아 봤다. 다행히도 발견했다. 책꽂이에 꽂혀 있는 《파우스터》 한 권을 발견한 뒤 안도의 한숨을 쉬고 서점을 나서는 나의 모습이 CCTV로 보이는 듯하다. 민망하지만 해야 하는 일을 할 때마다 드는 CCTV 시점의 나 자신 체험이다. 인생이 그렇지, 뭐. 그래도 〈트루먼 쇼〉처럼 모두에게 보이는 건 아니잖아. 어쨌거나 내게는 이런 민망한 행위를 수행해야 하는 이유가 있다.

《파우스터》를 비롯해 내 모든 소설은 기본적으로 '에어포트 노벨'을 표방한다. 공항에서 구입해 비행기에 오를 때 들고 타는 소설. 지루한 비행을 잊고자 펼치면 아무 생각 없이 페이지가 자동으로 넘어간다는, 그렇게 읽다 보면 목적지에 도착한다는, 그 장르의 소설 말이다. 그러므로 내 소설이 공항 서점에 놓여 있다는 사실이야말로 나의 집필 의도가 제대로 반영된 현실인 것이다. 말하자면 에어포트 노벨을 지향하는 소설가라고나 할까.

한편 이 분야의 대가 스티븐 킹은 한술 더 떠서 '자신의 소설을 더 읽고 싶어 비행기가 목적지에 도착하는 게 아쉬워야 한다'고 말했다. 하지만 스티븐 킹 형님이시여, 이제 비행기에는 수백 편의 영상물과 음악이 담긴 멀티미디어 시청기가 있고 책 대신 들고 탈 노트북과 아이패드를 누구나 지닌 세상이랍니다. 오직 책이 기내 유일의, 최고의 엔터테인먼트이던 시절을 보내신 분의 기개를 저는 도저히 따라갈 용기가 나지 않사옵니다. 저로서는 그나마 공항 서점에 책이 입고돼 있다는 것만으로 만족하겠습니다.

비행기가 이륙하자마자 스튜어디스들은 놀면 뭐하냐는 식으로 식사부터 나르기 시작했다. 나 역시 식사하며 책을 읽는 건 쉽지 않다는 핑계로 멀티미디어 시청기를 부지런히 살폈다.

놀랍게도 영화 채널에서 나는 예고도 없이 돈키호테와 마주치고 말았다.

〈돈키호테를 죽인 사나이 A Man Who Killed Don Quixote〉라는 제목의 영화라니, 뭐죠? 혹 비즈니스 좌석엔 이런 맞춤형 서비스가 있을까? 하지만 여긴 이코노미 구역인데. 돈키호테에 대해 쓰기 위해 스페인으로 가는 비행기에서 돈키호테 영화를 발견하다니! 올라! 무이 비엔!! (더 격한 스페인어 감탄사 무언가!!!)

나는 숨죽인 채 영화를 클릭했다.

"나는 라만차의 돈키호테다! 잊힌 기사도를 다시 세워야 한다!"

보드카 광고 촬영을 위해 스페인의 작은 마을로 오게

된 잘 나가는 천재 CF 감독 '토비'(아담 드라이버). 촬영에 난항을 겪던 어느 날, 우연히 스페인에서 촬영했던 자신의 졸업 작품이자 출세작 〈돈키호테를 죽인 사나이〉 DVD를 보게 된다. 직접 촬영 장소를 헌팅하고, 고정관념을 깨기 위해 현지 주민들을 배우로 섭외하는 등 모든 것에 열정이 넘치던 꿈 많았던 과거를 떠올리며 당시 영화 촬영 장소를 찾아간다. 그리고 그곳에서 진짜 '돈키호테'(!)가 되어 버린 구둣방 할아버지가 자신을 '산초'라고 부르며 무척 반갑게 맞이하는데……. 17세기(!) 돈키호테와 21세기 산초(?)의 환상적이고 기묘한 여정이 시작된다!•

내용도 내용이지만 감독과 배우의 이름만 보고도 나는 이미 감탄을 금치 못하고 있었다. 무려 '테리 길리엄'의 돈키호테라니 뭔가 대단히 어울리고 적절했으며 벌써부터 환상과 광기가 벌떼처럼 머릿속에서 왱왱댔다. 게다가 아담 드라이버와 조너선 프라이스는…… 무척이나 새롭고도 익숙한 조합이었다(비행 이후 검색을 통해 이

•   네이버 영화 소개.

30

작품이 테리 길리엄의 25년에 걸친 인생 프로젝트였다는 사실을 알게 됐고 한때 팬이자 현역 영화인으로서 상당한 부끄러움이 몰려왔다).

나는 운명의 상대를 만난 듯, 돈키호테가 결투 적수를 향해 돌진하듯 즉시 영화를 재생시켰다.

황량한 갈색의 카스티야 평야에 로시난테를 탄 돈키호테가 등장한다. 그 뒤를 당나귀를 탄 산초 판사가 뒤따르고 있다. 그리고 풍차. 돈키호테의 시그니처 장면인 풍차 거인에게 돌진하는 늙은 기사의 무모한 액션이 나오면서 컷. 곧 이 오프닝 장면이 CF 촬영 중이었다는 게 밝혀지고 CF 감독인 토비 역의 아담 드라이버가 등장한다. 메타 픽션의 선구자 격인 《돈키호테》의 구조를 영화 역시 시작부터 적극 활용하고 있었다.

이후 정신없이 감상했고 보는 내내 행복했다. 지난 두 달간 읽었던 소설 속 돈키호테의 장면들이 근사하게 재현되고 있었다. 현대적인 해석으로 그 숨은 의미가 더 알차게 숙성돼 나올 때는 비행기 문을 박차고 나가고 싶었다. 때마침 러시아 상공이었다. 이대로 하강해 영화 속 토비가 찍는 광고 속 보드카를 찾아 마시고 싶었다.

(이하 스포일러) 돈키호테 속 중요한 요소인 무어인들과 그들의 문화는 이슬람인 마을로 등장하고, 돈키호테를 괴롭히는 마법사들은 CF를 의뢰한 자본가 물주로 나온다. '돈'이야말로 현대의 마법이고 그들은 '돈지랄'로 돈키호테와 산초를 무력화시킨다. 그 와중에도 돈키호테는 자신의 꿈을 포기하지 않고 기사도를 바로 세우기 위해 전진과 돌진을 거듭한다.

그렇게 두 시간 남짓 몰두해 테리 길리엄의 완성된 꿈을 목격했다. 추후 찾은 인터뷰에서 그는 이렇게 말하고 있었다.

> "돈키호테를 만들기 위해 돈키호테처럼 돼야 한다. 불가능한 것을 위한 광기와 노력은 삶에서 무척 중요하다. 이것들이 없다면 삶에서 흥분되는 일, 경이로운 일을 잃게 될 것이다."

참으로 명쾌한 답이라 솔로몬의 재판정에라도 온 기분이었다. 이렇게 빠르고 알찬 해답이라니, 이제 시작될 3개월의 모험을 대비해 장티푸스 주사라도 맞은 기분이었다. 그렇다고 모험이 순탄할 수 있을까? 소심하고 기운도 전 같지 않은 중년의 동양인 작가가 돈키호테에 대해 쓰기 위해 스페인에 가서 돈키호테적으로 글을 쓴다는 게?

의문을 품기도 전에 '돈키호테를 만들기 위해 돈키호테처럼 돼야 한다'는 테리 길리엄의 저주 혹은 명령이 어느새 나를 사로잡고 있었다.

테리 길리엄의 인터뷰에는 이런 말도 적혀 있었다.

"한 사람이 어떤 환상을 믿기로 했는가는 언제나 중요한 질문이다. 돈키호테는 항상 품위가 있다."

돌이켜 보면 나란 인간 역시 언제나 품위 있는 미치광이가 되고 싶었다. 젊은 시절에는 대책 없는 광기를 발휘하곤 해서, '저 인간 뭐가 되려고 저러나'라는 눈총을 받기도 했다. 그런 나라도 나이가 들수록 주변 눈치를 보게 됐고 미치광이 정신은 작품 속 캐릭터에나 간신히 주입시킬 따름이었다. 하지만 이제는 나와 작품 속 주인공의 싱크로를 맞춰 품위와 미친 열정을 동시에 추구해야 할 때가 된 것이었다.

그걸 시험해 볼 수 있는 돈키호테의 땅이 나를 기다

리고 있었다. 도착까지 7시간 남았다. 꿈을 꾸기에 충분한 시간이었다.*

• 나중에서야 대한항공은 비행하는 나라의 영화와 관련 영상을 맞춤으로 구비해 놓는다는 사실을 알게 됐다. 참으로 적절한 서비스고 모르고 있던 터라 더욱 반가웠던 서비스였다.

3
작업실 찾아 마덕리

마드리드 바라하스공항. 드디어 스페인의 관문에 도착
했다. Hola! 출입국 직원과 한 마디 나눈 뒤 도장 쾅. 간
단히 입국 심사대를 빠져나왔다.

일요일 오후 6시 반(스페인에서 6시 반은 확실히 오후다).
공항이 꽤 붐비고 있어 긴장됐다. 유일하게 믿는 구석
은 레지던시 측에서 온다던 픽업. 사실 이 픽업이란 걸
한국에서부터 기대해 왔다.

낯선 나라의 처음 도착한 공항에서

생판 모르는 초면의 외국인이

내 이름이 영어로 적힌 종이를 들고 날 기다린다.

그것이야말로 일종의 버킷리스트였다.

해외 비즈니스와 전혀 상관없이 살아온 내게 이런 상황은 영화에서나 보던 일이고, 무엇보다 '낯선 도시에서 처음 보는 사람의 마중'이라는 아이러니를 기대하게 했다. 픽업을 오는 사람은 물론 별 생각 없이 왔을 수 있지만, 적어도 그 역시 한국에서 온다는 소설가가 어떻게 생긴 인간인가 정도는 궁금하지 않을까? 혹 소설을 좋아한다면 스페인판이 있나 궁금해할지도 모른다. 그러니까 픽업하는 자와 픽업 당하는 자는 서로에게 '친밀한 타인'일 수 있지 않은가.

그런데 공항을 나서 분주한 터미널을 한참 두리번거렸음에도 '친밀한 타인'은 그 후보조차 발견할 수 없었다. 터미널은 국적기가 도착해서인지 한국인이 유독 많았고 그에 따른 한국인 마중객들로 붐비고 있었다. 이름을 적은 종이들도 보였지만 내 이름을 찾을 순 없었다.

문득 불안해졌다. 혹시 아무도 픽업을 안 왔다면? 레지던시까지 택시를 타고 직접 가야 하는 걸까? 아니다. 공항에서 마드리드 시내까지는 지하철이 연결돼 있다고 들었으니 돈을 아끼려면 지하철이 낫다. 그렇다면 지하철에서 레지던시까지는 구글 지도를 열고 찾아가야 하나? 그러다가 해외 데이터 과다 이용 폭탄이라도 맞는 건 아닐까? 이거 고생길은 보장되겠구만. 그렇다면 글감이 풍부해지겠는데?

온갖 상념이 터지던 그때 앳된 인상의 스페인 여성 셋이 나를 향해 다가오는 게 보였다. 그리고 그들 손에 들린, A4 용지에 볼펜으로 열심히 획을 그어 적은 영문 이름 'KIM HO YEON'이 눈에 들어왔다. 나는 반가움과 신기함이 동시에 묻은 미소로 그들과 마주했다.

그들은 눈앞의 이방인이 자기들이 찾는 한국의 소설가인지 물었다. 나는 확인해 줬다. 곧 우리는 친밀한 웃음을 교환했다.

라우라, 비올레타, 앙헬리카. 세 명의 대학생은 레지던시에 짧게는 1년 길게는 3년째 묵고 있는 학생들이었다. 대화를 나눠 보니 그들은 레지던시 관계자로부터 오늘 나를 픽업해 오라는 지시를 받았다고 했다. 그들 역시 레지던시의 지원을 받는 학생들이었기에, 편하게 쉬어야 할 일요일 오후에 멀리 극동아시아에서 날아온 소설가를 택시에 태워 오는 임무를 수행해야 했던 듯하다.

그들은 나를 택시 승강장으로 데려간 뒤 택시를 잡았다. 대학생 셋이 뒷자리에 앉았고 나는 운전기사 옆자리에 앉았다. 그런데 이국에 도착하자마자 한국에서도 좀처럼 마주칠 일 없는 대학생들과 택시를 탄 채, 아직 시동이 걸리지 않은 영어로 대화를 나눈다는 게 쉽지 않았다.

먼저 이런 질문을 받았다. "당신은 스페인까지 뭘 쓰러 왔습니까?" 나는 즉답했다. "돈키호테에 대해 쓰러 왔습니다." 그러자 그들은 멸종을 앞둔 철새가 새로운 서식지를 찾아온 걸 목격한 듯 신기해했다. 내가 얼마나 진지한지 설명하기 위해 나는 오늘 비행기에서도 돈키호테를 목격했다는 말과 함께 〈돈키호테를 죽인 사나이〉에 대해 이야기했다. 하지만 반응은 여전히 갸우뚱. 아무래도 20대 대학생들이 테리 길리엄의 예술영화를 쉽게 접했을 리 없다. 그러던 찰나 다행히 비올레타 혹은 앙헬리카가 혹시 아담 드라이버가 나오는 영화가 아니냐고 응수해 줬다. 그렇지. 역시 교양이 있는 학생들이로군. 그래서 나는 대화의 물꼬를 텄고 〈돈키호테를 죽인 사나이〉가 얼마나 근사한 영화인지를 최대한 친절하고 자세히 설명했지만, 영어 탓인지 배경지식의 부족 탓인지 그들을 더 헛갈리게 만들고 있었다.

내가 답답해하는 모습이 안타까웠는지 아담 드라이버를 아는 학생이 친구들에게 "그 〈스타워즈 리부트〉에서 나쁜 놈으로 나오는 코 긴 놈 있잖아"라고 말했고, 그러자 다들 고개를 끄덕였다. '돈키호테를 죽인 사나이'가 바로 그 놈이로군요, 라는 표정을 덧붙이며. 나는 더 이상의 자세한 설명을 포기하기로 했다. 미안해요, 노 에스빠뇰. 미안해요, '갑툭튀' 돈키호테.

이후로 나는 스페인 마드리드에 돈키호테를 쓰기 위해 왔다는 사실은 비밀 지령으로 남겨 두기로 했다. 사람들이 물으면 그저 "이곳의 날씨가 너무 좋아서요" "레알 마드리드 경기를 직관하는 게 소원이어서요" "마요르 광장 뒷골목의 버섯 요리를 맛보고 싶어서요" "레이나 소피아 미술관의 게르니카를 목격하기 위해서요"라는 식의 대답을 준비해 두기로 했다.

돈키호테는 어쩌면 이곳에서 화석이 된 용어일지도 모르겠다. 갓 인천공항에 들어온 스페인 작가에게 누군가 묻는다. 한국에 어떻게 오셨어요? "춘향이에 대해 쓰려고요. 산초 판사 같은 향단이와 둘시네아 같은 이도령에 대해서도 쓰고요." 뭐 이런 식이 아닐까? 그러면 다시 질문이 이어진다. 두 유 노우 싸이? 두 유 라이크 김치? 두 유 노우 BTS? 아무튼 한국판 《돈키호테》를 쓰겠다는 포부를 떠들고 다니다간 한국인 돈키호테라고 취급받을 가능성이 있다는 점에 유념하기로 했다.

조사한 바에 따르면 바라하스공항에서 마드리드 레지던시까지는 김포공항에서 서울 시내 정도 거리였다. 살펴보니 미터기는 고정돼 있었다. 30유로. 정찰제인 듯했다. 기사 옆 좌석에 앉은 나는 내내 그걸 주시하면서 안고 있는 가방에서 지갑을 꺼내야 하나 고심하는 중이었다.

토지문학관 학예사님 말에 따르면 스페인 작가가 한국에 오면 인천공항에서 토지문학관까지 픽업을 해 준다고 했다. 그 말은 이곳에서의 픽업 역시 스페인 레지던시의 몫이라는 것이고, 그 뜻은 내가 꼭 택시비를 지불할 필요는 없다는 것인데……. 문제라면 내 예상 속 픽업은 배 나온 레지던시 관계자 아저씨가 낡은 폭스바겐 SUV로 나를 태워 가는 그림이었다.

그런데 택시 픽업이라니, 이것 참 애매한 상황이 아닐 수 없었다. 뒷좌석에 옹기종기 앉은 저 90년대 후반생 스페인 대학생들에게 택시비를 내게 한다는 게 과연 맞는가, 아니면 저들은 이미 택시비를 받아서 온 걸까? 영수증을 챙겨 내면 돈을 환급받는 건가? 이것이야말로 이곳에서 봉착한 첫 난관이었고 이곳에서도 이런 고민에 빠질 수밖에 없는 내 가벼운 재정 상태와 심약한 내장 기관의 컨디션에 개탄을 금할 수 없었다.

조잡한 고민이 깊어지는 와중에 택시는 이미 마드리드 시내에 접어들었다. 널찍한 거리를 지나고 지나 마침내 한 철문 앞에 멈춰 섰다. 철문과 철문 사이 벽돌 기둥에는 석고상 머리의 한 심볼과 함께 'RESIDENCIA DE ESTUDIANTES'라고 적혀 있었다. 벌써 도착이라니. 결국 가난한 작가의 주요 기술 중 하나인 '구차한 표정으로 최대한 천천히 지갑 꺼내기 신공'을 발휘하자 "노노노노노!"라는 채근과 함께 학생 하나가 기사에게 서둘러 돈을 건넸다. 레지던시에서 지불하는 거라는 친절한 설명과 함께. 비올레타, 라우라, 앙헬리카, 그들은 참으로 센스 있고 바람직한 이베리아반도의 인재들이 아닐 수 없었다.

그들은 숙소 체크인과 식당, 카페테리아의 위치와 사용법, 공용 냉장고와 탕비실, 세탁실 사용법을 차례로 알려준 뒤 숙소가 있는 3층으로 나를 안내했다.

3층의 긴 복도를 지나 드디어 내게 배정된 방 326호실에 들어섰다. 내부는 정말이지 '코지'했다. '코지'라는 영어 단어를 설명하려고 지은 세트장 같았다. 두 평 반 정도 실내의 입구로 들어서자 왼편에는 화장실, 오른편에는 벽장이 있었다. 아름답고 커다란 아치형 나무창이 굳게 닫혀 있어 내부는 어두웠고 갈색의 나무로 만든 맞춤 가구들이 책상과 수납장으로 한 세트, 침대와 협탁으로 한 세트 놓여 있었다. 역시 나무에 천을 덧대 만든 책상 의자와 침대 옆에 자리한 널찍한 응접 의자에는 당장이라도 앉아 몸을 묻고 싶었다.

　그저 한 명의 사람이 운신하고 최소한의 소지품을 배치하기에 적당한, 좁다면 좁고 넓다면 넓은 공간이었다. 마치 중세 수도원 수도사의 거처 같기도 하고, 멕시코 감방 마약왕의 독실 같기도 했고, 애리조나 국도변에 앤티크풍으로 꾸민 싸구려 모텔 같기도 했다.

　작가 인생이 곧 '작업실 찾아 3만리'였다. 한국에서도 도심, 내륙, 산골, 제주도까지 오가며 작업실을 찾아다녔다. 그렇게 다니다 다니다 결국 이렇게 스페인 마드리드에 작은 공간을 하나 얻게 된 것이다. 스페인은 '서반아'고 마드리드는 '마덕리'라지. '작업실 찾아 3만리'

에서 '작업실 찾아 마덕리'라니, 그런 말장난을 되뇌며 감회를 만끽했다.

아치형 나무창을 열었다. 노을이 지기 시작하는 창 아래로 아름다운 정원이 녹음을 빛내고 있었다. 고개를 내밀고 창밖을 감상하던 나는 순간 이상함을 감지했다. 방충망이 없었다. 나는 학생들을 돌아보며 방충망이 없는데 모기가 들어오진 않냐고 물었다. 학생들의 대답은 간단했다.

"노 모스키토 히어."

"리얼리?"

"예스. 마드리드 해즈 노 모스키토."

나는 여전히 못 믿겠다는 표정으로 그들을 바라봤고 학생들은 아무 문제없다는 듯 같은 말을 반복했다.

모기가 없는 도시라니, 이거야말로 신대륙을 발견한 콜럼버스의 심정이었다. 나는 70퍼센트의 확신을 담아 그렇다면 정말 다행이라고 답했다. 30퍼센트의 불신이 느껴졌는지 학생 중 하나가 "돈 워리"라며 나를 다독여 줬다.

대문자와 소문자에 숫자까지 마구 섞은 열세 자리가 넘는 와이파이 비번을 알려 주는 것으로 나를 픽업해 준 대학생들의 미션은 종료됐다. 그라씨아스와 아디오스를 번갈아 외치며 그들을 보내고 나자, 이곳에서 처음으로 나만의 시간이 시작됐다.

크게 숨을 들이쉰 나는 창문 밖의 오래된 정원을 다시 한 번 내려다봤다. 순간 들어찬 오후 햇살이 어둑했던 방 안을 밝고 따사롭게 만들어 줬다. 그때 이 땅의 마법은 바로 이 맹렬한 햇살임을 어렴풋이 깨달았다. 나는 작업실이자 거처인 326호에 나의 온기와 열정을 풀어내야 하는 시간을 그리며, 여장을 풀었다.

4

광장, 광장, 그리고 광장

지난밤, 짐 정리를 마치자마자 몰려드는 엄청난 피로에
마취총을 맞은 듯 뻗어 잠들었다. 얼마나 지났을까. 시
차와 허기에 시달리며 깨어난 새벽, 욕조에 몸을 담그
고 반신욕에 열중했다. 이 작은 공간에 굳이 욕조를 설
치한 게 흥미로웠다. 반신욕을 하며 아이디어를 구상하
곤 하는 내겐 크나큰 혜택이 아닐 수 없었다.

　씻고 옷을 갖춰 입으니 어느새 일곱 시 반. 레지던시
의 아침 식사 시간이다. 이곳에서의 첫 식사를 기대하
며 식당으로 향했다. 9월 2일 월요일 아침. 마드리드의
일상이 시작되고 있었다.

외국의 호텔 조식에 대해 다들 아시지 않는가? 바게트, 크루아상 등 여러 종류의 빵이 있고 그것과 같이 먹을 햄과 치즈와 계란, 잼과 버터 조합을. 시리얼과 샐러드 과일이 또 한쪽에 자리하고 마지막으로 커피와 차와 우유, 주스 등의 음료가 제공된다.

레지던시 식당에는 이 같은 호텔 조식 기본형에 계란과 감자로 만든 스페인식 오믈렛 '또르띠야'가 추가돼 있었다. 그리고 빵에 발라 먹는 갈은 토마토가 '이곳은 토마토 스프로 해장을 하며 토마토로 사람 머리를 맞추는 축제가 있는 스페인이고 그러니 너 역시 토마토로 발라 주겠어'라고 외치듯 커다란 볼에 담겨 있었다.

나는 스페인에서의 늦은 첫 끼를 정신없이 먹어 댔다. 산초의 식탐 저리가라 할 법한 풍족한 식사였다. 첫 현지 식사로는 대만족이었다.

배를 채우자 한결 기운이 났다. 당장이라도 풍차와 맞짱 뜰 것 같은 의욕이 샘솟았다. 이제 마드리드 시내로 간다. 가서 뭘 하냐? 바로 돈키호테의 행적을 쫓아야 할 것이다. 돈키호테에 대해 쓰려면 그에 관한 걸 찾아다녀야 할 게 아닌가? 그리고 돈키호테를 창조한 세르반테스의 흔적 역시 섭렵할 것이다. 마치 다빈치 코드를 찾아 유럽 곳곳을 쏘다니는 로버트 랭던처럼, 나도 세르반테스 코드를 찾기 위해 부지런히 다녀야 할 것이다. 산초도 없고 로시난테도 없지만 내게는 안정된 거처와 삼시세끼 식사 지원 그리고 후방 지원(아내의 잔소리와 충고)이 있지 않은가! 그러자 갑자기 기분이 좋아졌다. 비로소 내가 이곳에 온 이유를 알 것만 같았다. 막연히 희망했던 것들이 눈에 보이기 시작했다. 나는 즉시 레지던시에서 가장 가까운 지하철역인 그레고리오 마라논역으로 향했다.

역에서 교통카드를 구매해 10 VIA(10회 이용권)를 충전하고 방향을 확인한 뒤 지하철에 올랐다. 마드리드의 지하철은 파리의 그것과 많이 닮아 있었는데 적당히 칙칙하고, 상당히 정감 있고, 다양한 인종들이 모여 있었으며, 거리의 악사들이 동전 소리를 듣기 위해 자신의 소리를 들려주고 있었다. 젊은 시절 3개월 정도 체류했던 파리의 지하철과 닮아서일까, 자연스럽게 정기권 구매부터 환승까지 단숨에 해치우고 어느새 마드리드의 중심, 솔 광장Puerta del SOL역에 도달했다.

지하철역을 나서자마자 햇살이 뜨겁게 내려앉은 '솔 광장'을 목격할 수 있었다. 강렬한 햇살은 선글라스를 끼지 않으면 가뜩이나 직업병에 시달리는 안구에 타격이 올 듯했다.

나는 선글라스를 끼고 광장 중앙으로 걸어 들어가 분수 앞 벤치에 앉았다. 수많은 관광객들, 곰돌이 푸와 조커 옷을 입은 퍼포먼서들, 지갑과 핸드폰을 노리는 집시들과 호객 행위에 힘쓰는 가게 점원들로 분주한 광장을 눈으로 서성였다.

'푸에르타 델 솔'은 영어로 'Gate of the Sun'이다. 16세기까지 태양의 모습이 새겨진 중세 시대 성문이 있었기 때문에 이런 이름이 붙었다고 하는데, 그냥 태양이 문을 열고 들어와 진을 친 듯 덥기 때문이라고 하는 게 맞을 듯했다.

나는 이곳에 온 목적을 달성하기 위해 주변을 살폈다. 곧 광장 한쪽에 자리한, 딸기나무에 기대 딸기를 먹는 곰 동상을 발견했다. 마드리드의 옛 지명은 우르사리아Ursaria라고 하는데, 이는 '곰의 땅'이라는 뜻이라고 한다(곰이 마스코트인 간장약의 이름이 왜 '우루사'인지 이제 알 것도 같다). 그러니까 마드리드는 베를린(베어)과 공주(고마)처럼 곰을 토템으로 모시는 동네인 것이다.

커다란 버섯 모양의 딸기나무에 기댄 채 주둥이를 쭉

뻗은 곰 동상은 근육이 상당히 우락부락했다. 딸기를 먹느라 저렇게 근육 자랑을 한다는 게 사뭇 귀여웠다. 나는 곰 동상의 뒤로 다가가 잔뜩 닳아 있는 발뒤꿈치를 손으로 비볐다.

"마드리드 곰 신님. 이곳에서 돈키호테에 관한 소설을 꼭 쓰게 해 주세요. 그리하여 제 작품과 함께 다시 이곳에 돌아오게 해 주세요."

그러니까 어느 도시 어느 동상의 어느 부분이 반질반질하게 닳아 있다면 거길 만지고 무조건 소원을 빌면 되는 것이다. 웅녀의 나라에서 온 나는 마드리드 곰 신이 부디 아량을 베풀어 주길 빌며 다음 광장으로 이동했다.

＊

이번엔 마요르 광장이다. 솔 광장이 광화문 광장이라면 여긴 시청 앞 광장쯤 돼 보인다. 마요르 광장은 크고 웅장한 사각의 형태로 찬란한 원색 건물들에 둘러싸인 채 지구촌 곳곳에서 온 관광객들을 쉼 없이 빨아들이고 있었다. 크기나 인구밀도로 보자면 솔 광장보다 더 화려

하고 북적이는 게 마드리드 3대 광장 중 자신이 최고라고 뽐내는 듯했다.

마요르 광장은 실제로도 유럽에서 가장 큰 광장 중하나다. 지금은 광장을 중심으로 음식점들과 카페가 노천에 의자를 줄 세운 채 장사를 하는 활기찬 관광지이지만 사실 이곳은 투우장으로 쓰인 적이 있으며, 사형장 혹은 종교 재판장으로 쓰이기도 했던 피로 얼룩진공간이다. 솔 광장에서는 붉은 태양이 들어찬 모습이떠올랐다면 마요르 광장에서는 붉은 피가 넘실대는 듯한 환영을 엿보게 된다. 이 237개의 발코니를 가진 3층건물에 둘러싸인 사각의 광장에서 종교 재판을 벌여 무고한 이들을 공개 처형했다는데…… 지금은 평화로운관광지로 변해 전 세계 관광객들의 사진 세례를 받는공간이 돼 있다. 광장은 잘못이 없다. 그 광장에 모인자들의 마음이 문제다. 그들의 우매함이 피를 부르기도하고 그들의 바람직한 연대가 꽃을 날리게도 하는 게아닐까.

마드리드의 대표 광장 두 군데를 섭렵했지만 허전함을 지울 수 없었다. 그러자 본업 모드가 떠올랐다. 내가지금 이럴 때가 아니지. 나는 오늘 광장 투어의 하이라이트인 세 번째 광장이자 돈키호테 동상이 자리한 '스페인 광장'을 향해 진군했다.

스페인 광장까지도 그리 멀지 않았다. 광화문에서 탑골 공원 가는 정도의 거리를 좁은 골목과 대로를 오가며 빠르게 좁혀 나갔다. 최고의 기계치에, 사시사철 아날로그 모드에, 돈 계산도 젬병인 나지만 유일한 장점이 있다면 길 찾기다. 지도에서 좌표만 확인하면 즉시 방향을 파악하고 빠르게 길을 찾아 나간다. 한 번 지난 길은 바로 숙지하고 웬만하면 잊지 않는다.

대략 20분 만에 스페인 광장 앞에 당도했다. 그런데 광장은 보이지 않고 그래피티로 가득 찬 공사장 가림벽만이 베를린 장벽처럼 대로와 어딘가를 나누고 있었다. 나는 불길한 마음을 애써 누르며 서둘러 건널목을 건넜고, 가림벽을 마주하고서야 스페인 광장이 그 너머에 자리한다는 사실을 깨달았다.

맙소사. 광장은 공사 중이었다.

길고 긴 가림벽 중간에 마치 잠수함 창 같은 둥근 구멍을 발견한 나는 그곳을 통해 내부를 살폈다. 공사 중인 스페인 광장 안은 마치 비무장지대처럼 보였고, 중앙에 자리한 세르반테스와 돈키호테, 산초의 동상엔 커다란 녹색 천막에 가려져 있었다. 나의 아이돌들은 악마의 마법에라도 씐 듯 녹색 천막에 덮여 보이지도 않았다. 나도 모르게 된소리가 튀어나왔다.

돈키호테를 찾았지만 돈키호테를 볼 수 없었다. 언제나 찾고자 하는 건 발견하기 힘들고 희망하는 곳엔 다 다르기 힘들다. 광기를 동반한 짜증이 순간 멀미처럼 온몸을 뒤흔들었다. 마치 세르반테스와 돈키호테가 나를 거부하는 것만 같았다.

어쩐지 불청객이 된 기분이랄까? 알 수 없는 무력감과 함께 돈키호테에 관한 집필이 쉽지 않겠다는 불길한 생각까지 들었다. 왜 하필 이 시즌에 공사 중인 건지, 왜 돈키호테와 세르반테스는 나를 반겨주지 않는 건지……. 난데없이 발동한 울분을 터트리며 나는 광장을 뒤로 해야 했다.

하지만 내겐 돌아갈 숙소이자 작업실이 있고 오늘 저녁에도 따뜻한 식사를 제공받을 예정이다. 이 어찌 불청객이라고 할 수 있을까? 울분을 뒤로 하고 나는 내게 힘을 줄 또 다른 돈키호테와 세르반테스의 형상을 마주하겠다 마음먹었다.

그래, 다시 찾자. 스페인은 돈키호테의 나라가 아닌

가. 이깟 광장 하나에만 자리한 것은 아닐 터. 내게는
2개월 하고도 28일이 남았다. 그동안 어떻게든 그를 찾
아내고 마주하리라 다짐했다.

5

집필: 혼자가 된다는 것

레지던시에 돌아온 나는 허기를 참으며 저녁 식사 시간을 기다렸다. 저녁 식사는 무려 아홉 시에 시작된다. 역시 여행이란 시차와 음식에 적응하는 게 시작이란 사실을 상기한다. 저녁을 기다리는 동안 이곳에 안착한 것을 여러 곳에 보고하기로 했다. 먼저 나를 이곳에 보내준 토지문학관 담당자와 스페인 AC/E(스페인 문화지원국) 담당자에게 메일을 보냈다. 그리고 가족들과 몇몇 친구들에게 마드리드에서 별 탈 없이 하루를 잘 보냈다고 메시지를 전했다.

'이곳은 햇살이 뜨겁고 바람도 세고 모든 식사 시간이 한국보다 두 시간 늦어. 숙소는 아늑하고 광장엔 사람이 그득해. 그리고 돈키호테는 아직 발견하지 못했어.'

서울에서라면 술자리 2차를 시작하거나 3차 자리를 물색할 아홉 시 즈음, 드디어 첫 저녁을 먹기 위해 식당으로 내려갔다.

식당에는 예의 대학생 그룹이 모여 있었고 다른 손님들은 거의 없었다. 대학생 중 나를 마중 나왔던 친구들이 아는 체를 했다. 나도 눈인사로 답하는 순간 깔끔한 인상의 젊은 웨이터가 나를 맞이했다.

1인 테이블로 안내된 내게 그가 메뉴판을 보여 주며 오늘의 메뉴를 설명하는데, 이 친구 영어가 짧다. 나 역시 스페인어가 짧다. 그리고 이곳의 점심과 저녁은 코스인지라 메뉴 1, 메뉴 2, 디저트를 모두 결정해야 하는 게 아닌가? 나는 스페인어 메뉴판을 골똘히 바라보고 웨이터 친구의 '스펭글리시'를 들으며 어렵사리 첫 메뉴를 선택하는 데 성공했으나 두 번째 메뉴에 대해서는 도저히 해석해 낼 수 없었고, 결국 만국 공통 해결책인

'추천 메뉴'를 요청해야 했다. 곧 웨이터는 눈을 찡긋하고 사라졌다.

메뉴 1은 토마토에 모짜렐라 치즈를 얹은 익숙한 요리였다. 그런데 혼자 먹자니 심심하기 그지없고 스마트폰을 보며 먹자니 묘하게 쓸쓸했다. 한국에서의 '혼밥'과 '혼술'은 자연스러운데 이게 또 외국이 되니 익숙지 않다. 돈키호테가 왜 산초를 데리고 다녔는지 이해할 수 있는 대목이었다. 그는 '혼밥'이 싫었던 것이다. 하지만 나는 혼자가 되기 위해 여기에 왔다. 작가의 전공 필수는 고독 관리 개론이 아니던가. 그래서 나는 일곱 시간 전 한국에서 벌어진 프로야구 경기 결과를 꼼꼼히 확인하며 꿋꿋이 '혼밥'을 이어 나갔다.

얼마 뒤 두 번째 메뉴인 추천 메뉴가 나왔다. 뭐지? 그건 작은 닭을 조린 음식 같았다. 나는 한동안 정체를 살피다가 포크와 나이프를 이용해 살을 바른 뒤 입에 가져갔다. 식감은 닭과 비슷했지만 씹으면 씹을수록 닭이 아니라는 확신이 들었다. 그렇다면 메추리? 아니면 비둘기? 혹은 갈매기? 궁금증과 식욕을 함께 불태우며 살점을 발라 먹었다. 확실히 내 취향은 아니었지만 마요르 광장 뒷골목 식당에서 앤쵸비 얹은 바게트로 때웠

던 부실한 점심 식사를 만회하기 위해 꾸역꾸역 먹어야
했다.

후식으로는 사과가 껍질째 나왔다. 내가 무딘 나이프
로 껍질을 깎는 게 불편해 보였는지 웨이터가 다른 후
식으로 바꾸겠냐고 물어 왔다. 오, 친절한 그대여. 그러
나 노 프라블럼. 나는 끝까지 꾸역꾸역 깎아 먹었고 역
시 사과와 배는 한국이 최고라고 결론을 내렸다.

무료 제공이라는 혜택에 감사했지만 레지던시에서
의 첫 저녁 정찬은 생각만큼 만족스럽진 않았다. 정체
를 알 수 없는 메뉴의 고기 향과 느끼함을 곱씹으며 숙
소로 돌아와 낮에 사 온 마드리드 맥주 '마오우Mahou'를
들이켰다. 마오우는 뭐랄까, 한국의 카스와 비슷했다.
앞으로 고향 생각이 날 때마다 마오우를 마시기로 마음
먹었다.

✳

한국에서도 다양한 레지던시에 묵었다. 적게는 대여섯
명이 지내는 문학관부터 토지문학관처럼 문인은 물론
예술가까지 받아 주는, 규모가 있는 곳도 경험했다.

궁극적으로 문학관이란 작품과 나와의 독대를 위해 가는 곳. 그럼에도 문학관에서는 혼자이지만 혼자가 아니다. 문학관이 위치한 공간은 대부분 한적한 시골이다. 그 외진 공간에서 짧게는 한 달, 길게는 석 달까지 동료 입주 작가들과 삼시세끼 밥을 먹고 여가도 같이 보내곤 한다. 자연스레 교류도 하고 친분도 생긴다. 부근 명소를 찾아 여행을 가기도 하고 마을 행사에 동행하기도 한다. 어느 문학관에선 지방 선거일이 돌아와 작가들이 함께 면사무소까지 걸어가 투표를 한 적도 있다.

즉 문학관에서는 여러 사람과 음식을 나누고 마음도 나누게 된다. 그점이 좋기도 하지만 때론 글쓰기에 집중하느라 부담될 때도 있다. 기본적으로 글 작업이 우선이더라도 함께 지내는 만큼 열린 마음으로 상대를 대하고 서로의 집필 시간을 배려하곤 한다.

스페인에 오기 전, 지난해 마드리드 이곳에 머물렀던 김이정 작가님께 레지던시 생활을 물었을 때 그분은 이렇게 말씀하셨다. 토지문학관이나 다른 한국 문학관과는 전혀 다르다고. 동료 작가들이 있어서 같이 식사하고 뭔가를 나누고 그러는 게 아니라 오직 혼자서 지내는 시간이 충만할 뿐이라고. 오, 그렇다면 마드리드에서는 철저히 혼자 생활하며 작가적 고독을 만끽하고 돈키호테를 쫓는 일에만 집중해야겠다고 다짐했다.

하지만 혼자 저녁을 먹고 들어온 숙소, 어둑한 방 안에서 이해하기 힘든 TV 속 스페인 방송을 틀어 놓고 밍밍한 맥주를 마시다 보면 허전함과 심심함이 동시에 엄습해 온다. 노트북을 켜고 인터넷으로 한국 소식을 확인하고 유튜브로 예능 프로 클립을 보다 보면 내가 마드리드까지 와서 대체 뭘 하고 있는 건가 의문이 들기도 한다. 그렇다고 당장 시내로 나가 마드리드의 밤 문화를 체험할 것도 아니다.

이곳에서의 석 달은 여행이라기보다는 체류고, 써야할 이야기와 정리해야 할 삶의 갈음이 있다. 즉, 나는 이곳에서의 일상을 살아 나가야 한다. 이곳은 한국의 문학관도 아니고 나만의 작업실도 아니며 이번 가을의 거처일 따름이다. 이곳을 베이스로 글도 쓰고 돈키호테도 쫓아야 하고 일상도 견뎌내야 한다.

무엇보다 소설을 써야 한다.

무시와 절망을 딛고 다시 소설을 쓸 힘과 기운을 얻기 위해, 그럴 수 있게 해줄 돈키호테의 광기를 충전해야 한다. 단 한 명의 동료 작가도 없고 반경 3킬로미터 내에 내 말을 알아듣는 이 하나 없는, 유라시아 대륙의 서쪽 끝까지 와 숨어든 이 작은 방 안에서, 써야 한다. 소설가에게도 은퇴라는 말머리를 붙일 날이 올 것이다. 그러나 계속 쓰는 한 그는 언제까지고 소설가일 것이다. 모험을 멈추고 라만차로 돌아온 순간 돈키호테는 평범한 시골 지주 알론소 키하노로 돌아갔다. 모험을 지속하는 동안은 언제나 돈키호테일 것이고, 집필을 멈추지 않는 동안은 계속 소설가일 것이다.

그렇게 마음을 먹자 한층 머리가 맑아졌고 어느새 취기와 피곤이 섞여 잠이 오기 시작했다. 결국 나는 꾸벅 잠들고야 말았다. 스페인 사람들의 야행성에 적응할 날은 여전히 멀게만 느껴졌다.

*

다음날 아침. 일어나니 다섯 시. 밖은 컴컴하고 영락없이 아침잠 없는 노인네 꼴이다. 하지만 서울은 낮일 터, 아내에게 연락했다. 어떻게 잘 먹고 지내냐는 아내의 말에 어제 저녁 먹은 낯선 요리에 대해 설명했다. 찍은 사진을 보내 주고 메추리나 비둘기가 아닐까 한다는 내 추리에 아내가 놀라운 의견을 제시했다.

"토끼 아냐?"

헉. 그러고 보니 전체 모양과 그 콩팥 같아 보이던 내장 부분과 기타 등등의 면면이……. 그러자 모든 의혹이 서서히 걷히고 어느새 요리의 정체가 귀를 쫑긋거리며 내 앞에 튀어나왔다. 토끼였다. 어릴 적부터 편식을 했고 자라서도 음식의 스펙트럼이 좀처럼 확대되지 않던 내게 이건 크나큰 성과가 아닌가. 그래, 음식도 모험이다. 나는 앞으로도 웨이터 추천 메뉴를 적극 선택하겠다 마음먹었다.

II.

투명한 고독

6
낯선 도시에서 루틴 만들기

마드리드에서도 이제 일주일째. 슬슬 루틴이 잡혔다. 먼저 '1일 1와인'에 하몽과 치즈 최대한 많이 먹기 도전이 시작됐다.

한국에서 2~3만 원대 와인이 이곳에서는 불과 5유로다. 또한 나는 늘 스페인 와인이 프랑스나 이탈리아 와인보다 저평가됐다고 여겼는데, 그 생각에 더욱 확신을 품게 됐다. 저평가된 원인은 스페인이 두 나라보다 해외 판매가 저조해서인데, 이는 스페인 사람들은 자기들이 먹기에도 모자라 해외에 와인을 팔 여력이 없기 때문이라는 설이 있을 정도다. 아무튼 현지의 맛있고 다양한 와인을 싸게 접하다 보니 확실히 만족도가 올라갔다.

하몽과 치즈 역시 한국에서 구하기 힘든 것들이 값싸게 차고 넘치니 구매를 안 할 수가 없고, 사다 놓으니 안 먹을 수가 없는 그런 선순환이 매일 밤 지속됐다. 자연스레 마드리드 사람들처럼 야행성 인간이 됐다. 산초 판사 마냥 넉넉한 뱃살도 재구축했다. 그리하여 밤 열두 시에 잠들고 아침 여덟 시에 깨어나는, 하루 여덟 시간 수면의 안정적인 일상을 구가하게 됐다.

여덟 시에 일어나 뭉그적거리다가 이불을 박차고 일어난다. 크고 아름다운 아치형 나무 창문을 열면 동이 튼 아침 하늘이 보인다. 환기를 시키며 뻥 뚫린 창밖을 흐뭇하게 바라본다. 학생들의 호언장담대로 모기는 없다. 방충망 없이 시원하게 들어오는 가을바람이 상쾌하기 그지없다. 곧 나는 반바지에 티셔츠를 입고 러닝화를 차려 신고 방을 나선다.

지루한 일상 속 작은 로망이 있었다. 분주한 서울 시내 출근 시간, 홀로 운동복을 입고 광화문 광장 옆길을 조깅하는, 외국계 회사 임원 같은 이방인을 봤을 때 그런 꿈을 꿨다. '언젠가 외국에서 지내게 되면 나도 운동

복에 러닝화를 신고 낯선 도시를 달려 봐야지.'

그래서였을까, 한국에서 출발할 때 나는 팩 소주와 컵라면만 채운 게 아니라 최애 러닝화 '아식스 젤 카야노'를 구겨 넣었다. 젤 카야노를 소개받고 나서는 달리기가 수월해졌다. 발볼이 넓은지라 러닝화에 민감한 편인데, 이 녀석을 신고 나면 달리고 싶어 몸이 붕붕 뜨는 느낌까지 받는다.

마드리드로 오며 러닝화와 운동복을 챙겨 온 건 신의 한 수였다. 사람은 자기가 평소 끌렸던 한순간을 자연스레 머릿속에 각인시킨다. 러닝이란 일상적 행위를 이국의 도시에서 경험해 보고 싶다던 마음 속 끌림이 재현되던 순간은 꽤나 짜릿했다. 이게 하루키가 말했던 '소확행' 같은 건가? 물론 내게 소확행은 '소맥은 확실한 행복' 혹은 '소고기는 확실한 행복'일 따름이지만.*

레지던시를 나와 출근하는 마드리드 시민들을 하나 둘 제치며 달려가는 내 모습이 마치 전 세계에 생중계되는 듯하다. 가벼운 호흡으로 아직 덜 뜨거운 아침 햇살과 예상보다 강한 맞바람을 맞으며 거리를 달린다.

•   《불편한 편의점 2》의 정육 식당 최사장 편에서 이 표현을 사용했다.

신호등 앞에서 출근길 시민들과 함께 선 채 파란불이 들어오면 가장 먼저 치고 나간다. 마라논 광장을 지나 대로 중앙 가로수 사이 흙길을 달린다. 이제 익숙해진 거리를 돌아 다시 처음 맞이하는 거리를 향해 속력을 올린다. 일교차가 큰 마드리드의 초가을 아침도 이마에 땀이 솟아나는 걸 멎게 하진 못한다.

  나는 달리고 있다. 이 순간, 나는 살아 있다. 아니, 살고 있다. 바로 이곳에. 아침 러닝은 내가 여행객이 아니라 이곳의 일상을 살아가는 사람이란 사실을 일깨우는 행위 그 자체였다.

*

러닝을 마친 뒤 샤워를 하고 조식을 먹는다. 그리고 스페인어 공부를 한 뒤 여행 정보를 체크하고 시내로 향한다. 지하철을 타고 도착한 시내 여러 곳을 쏘다니며 여행객 흉내를 낸다. 왕궁도 가보고 대성당도 가보고 명소도 찾는다. 가게와 거리를 여러 번 반복해 오가며 길도 익힌다. 내비게이션에 좌표를 입력하듯 온몸에 마드리드 거리와 건물을 접수해 넣는다.

도시 탐험의 묘미라 할 수 있는 맛집도 빼놓지 않는다. 백 년 역사를 자랑하는 추로스 맛집 '산 히네스Chocolateria San Gines'가 특히 기억에 남는다. 여기서 먹은 '뽀라'라고 불리는 두꺼운 추로스는 문어 다리 같이 생겼으며 짭짤하고 도톰한 식감이 기막혔다. 하지만 미어터지는 관광객들로 인해 오래 줄을 서야 했고, 24시간 영업으로 인해 직원들의 서비스는 개판 5분 전을 향해 가고 있었다. 마치 방송을 탄 맛집이 넘치는 손님들을 감당하지 못해 개념과 맛이 가출하는 경향과 비슷해 아쉬웠고, 스페인의 백종원 님 같은 분의 호통이 필요할 듯했다.

마요르 광장 부근 '산 미겔 시장Mercado de San Miguel'은 뭐랄까 우리네 광장 시장과 비교할 만했다. 도시 관광의 중심지에 가깝고, 유명인들이 많이 방문했으며, 다양한 먹거리와 그에 상응하는 비싼 가격을 자랑하는 공간. 이후로는 관광지가 아닌 주택가에 자리한 현지 시장들을 발굴해 나갔고, 그쪽이 훨씬 더 만족스러웠다.

어느 주택가 현지 시장 한 곳에서는 우연히 한국 식료품점을 발견했다. 반가운 마음에 상점 주인인 한국 사장님과 이런저런 이야기를 나눴다. 마드리드에 모기가 없어 신기하다는 나의 말에 사장님은 이곳엔 관절염도 없다며 자신의 팔과 다리를 쌩쌩 흔들어 보이셨다. 모기가 없는 이유조차 아직 파악하지 못했음에도 관절염이 없는 이유가 궁금해진 나는 사장님께 맹렬히 답을 구했다.

"왜긴 왜겠어? 여기 해가 짱짱하고 건조하잖아. 우리 한국에서 흐리거나 비 오면 어른들이 뭐라 그래? 무릎이랑 삭신이 쑤시다고 하지? 그게 다 습기 때문이거든. 그러니까 여긴 건조해서 관절염이 없는 거예요."

아, 실로 명료한 사장님의 답에 나는 양손의 엄지를 치켜세웠다. 그러자 사장님은 내게 무슨 일로 마드리드에 왔냐고 물었고, 나는 마라뇬 광장 부근 레지던시에 작가로 입주해 있다고 답했다. 그러자 반사적으로 사장님은 작가니까 책이 있으면 달라고 하시는 게 아닌가? 순간 나는 가져온 책이 없다고 답한 뒤 서둘러 인사하고 가게를 빠져나왔다. 한국 식품을 좀 팔아드리려 했는데, 다짜고짜 책을 요구하셔서 당황한 게 사실이었다. 사장님, 저도 가게 하시니까 물건 달라고 안 하잖아요. 책도 그냥 달라고 하시면 안 되는 겁니다. 어쨌거나 '마드리드 노 관절염'에 대한 궁금증을 해소해 주셔서 감사했습니다.

한편 마드리드에도 맥주 '덕후'가 있지 않겠냐며 찾아간 맥줏집 '루이비오스'도 꽤나 훌륭했다. 무명 시절 친구의 호프집에서 알바를 한 뒤로 나는 방문하는 도시의 맥줏집 탐방에 진심으로 임하게 됐다. 부산이든 서귀포든 교토든 타이베이든 도착하자마자 등산객이 약수터 찾듯 좋은 맥줏집을 찾곤 했다. 루이비오스는 한적한 주택가에 위치해 있었는데, 세상에 그렇게 큰 소고기 패티가 들어간 버거와 감자튀김 폭탄은 처음이었다. 주인장 역시 '맥덕'답게 두툼한 뱃살과 맥주 거품을 묻히기 좋은 수염을 자랑했고, 마오우 생맥주부터 유럽 여러 양조장의 크래프트 비어를 줄줄이 장착하고 있었다. 이날은 대용량에 맛도 훌륭한 버거와 감자튀김을 먹어치우느라 정작 맥주를 많이 못 마셨기에, 다음을 기약하며 구글 지도에 별을 찍어야 했다.*

그리고 헤밍웨이의 단골집이었다는 '메손 델 참피뇬 Meson del Champiñon'은 마요르 광장 쪽에 갈 때마다 들르게

---

*   2023년 마드리드에 돌아왔을 때 재방문하려고 보니 안타깝게도 루이비오스는 사라져 버렸다. 역시 괜찮은 맥줏집은 없어지기 전에 많이 가줘야 하는 법이다.

됐다. 처음에는 앤쵸비를 올린 바게트 타파스와 화이트 와인에 만족했고, 재방문했을 때는 버섯 요리와 사과주에 조린 순대를 먹고 감탄했다. 무이 비엔! 께 리코! 이곳은 확실히 맛집이고 확실히 한국 사람이 많다(〈꽃보다 할배〉에 소개된 뒤로 이곳 아이패드 메뉴판에는 한국어 버전이 제공되고 있었다). 오랜만에 옆 테이블 한국 사람들의 대화를 라디오 사연처럼 들으며 하몽 조각과 육즙을 품은 양송이버섯을 우적거리다 보면 절로 마음이 편해지곤 했다.

＊

주말에는 마드리드 3대 미술관 중 하나도 방문했다. 물론 나는 관광을 하려고 마드리드에 온 게 아니다. 나는 글을 쓰기 위해 왔다. 하지만 나라는 소설가는 지식과 상식이 매우 부족해《지적 대화를 위한 넓고 얕은 지식》을 읽거나 〈알쓸신잡〉을 보며 감탄을 연발하는 범인일 따름이다. 그러므로 《돈키호테》를 깊게 이해하기 위해 필요한 세르반테스 시절의 정치, 사회, 문화, 예술, 종교, 음식, 풍속 등의 시대상을 알아야 했을 뿐이다.

마드리드 3대 미술관은 '프라도 미술관', '레이나 소피아 미술관', 그리고 '티센 보르네미사 미술관'이다. 세 군데를 모두 볼 수 있는 아트 패스를 구매한 나는 먼저 티센 보르네미사 미술관을 찾았다.

티센 보르네미사 미술관은 신고전주의 궁전을 개조해 웅장하고 세련된 풍모를 자랑하고 있었다. 지금은 국립 미술관이지만 한때 이곳은 티센 가문의 개인 미술관이었다. 독일의 티센 가문은 제철소와 엘리베이터 및 에스컬레이터, 금융업에 종사한 거부였고, 이들은 3대에 걸쳐 예술 작품을 수집했다. 나는 티센 보르네미사 미술관의 명칭을 듣는 순간부터 엘리베이터 브랜드 '티센크루프'를 떠올렸는데 아니나 다를까 내 예상이 맞았다.

그렇다면 이 독일 가문의 컬렉션이 어떻게 스페인에 정착하게 된 걸까? 전후 독일의 혼란스런 상황에서 가문의 3세로 가족의 컬렉션을 물려받은 한스 티센은 이 방대한 개인 컬렉션을 미술관으로 만들기로 결정했다. 이후 경매를 통해 가장 좋은 조건을 제시한 스페인이 이를 받아 바로 이 유서 깊은 신고전주의 건물에 티센 가의 컬렉션을 옮겨올 수 있었다고 한다.

마드리드 3대 미술관 중 그나마 만만하게 본 곳이 티센 보르네미사 미술관이었지만 그것이 오산임은 3층의 첫 복도를 지나면서 바로 확인됐다. 시대순으로 관람하게 짜여진 동선이기에 3층은 종교를 주제로 한 중세 시대 성화들로 시작됐다. 그림들마다 정교한 묘사와 성경 속 스토리텔링을 집요하게 녹여내 주의 깊게 살펴보지 않을 수 없었다. 하나하나가 무척이나 인상적이었다. 종교적 고뇌 역시 화폭 안에 진하게 담겨 어느 순간 미술관이 아니라 성전에 온 듯한 기분이 들어 영적으로 고양되는 기분마저 들었다.

영혼의 숭고함까지 느껴가며 3층의 중세 종교화들을 섭렵한 후 2층으로 내려와 인상파 작품으로 접어들자 모네, 드가, 세잔, 고갱, 고흐 등 그나마 아는 이름이 하나둘 등장하기 시작했다. 파리 오르세 미술관의 인상파 작품 총집합만큼은 아니었지만 화가들 각각의 화풍을 즐기기에 충분했다.

그리고 이어지는 피카소, 몬드리안, 칸딘스키 등 20세기 초 거장들의 현대 작품들이 눈을 시원하게 해줬고 마지막 1층으로 내려오니 에드워드 호퍼와 팝아트 거장 로이 리히텐슈타인의 작품까지 목격할 수 있었다. 참으로 눈이 번쩍번쩍 뜨이고 호강하는 시간이었다. 그중 내 마음을 사로잡은 단 한 점을 꼽자면 에드워드 호퍼의 〈호텔 방〉이다. 이 작품을 직접 목격한 것만으로도 티센 보르네미사에 온 보람을 느꼈다고나 할까.

여기 호텔 방에 홀로 앉아 있는 여인이 있다. 방 한쪽엔 짐들이 가득하고, 그녀는 뭔가 적은 종이를 든 채 침묵에 젖어 있다. 그녀에게 이 호텔 방은 '호캉스'도 아니고 여행 중 쉼터도 아니다. 호텔 방은 일종의 정류장으로 보인다. 그녀가 어디서 왔는지 나는 모른다. 그녀만이 안다. 하지만 어디로 갈지는 나도 그녀도 모른다.

＊

일주일을 쉬지 않고 감탄을 연발하며 이 도시를 쏘다녔다. 하루 평균 8~10킬로미터를 달리고 걷다 보니 레지던시로 돌아올 때면 허벅지와 오금 인대가 당기곤 했다. 귀갓길에는 쉬어 간다는 핑계로 카페에 꼭 들렀고, 그래서 단골 카페도 생겼다.

바로 레지던시 부근 큰길가에 자리한 '랏츠 커피'라는 곳으로, 해맑은 미소의 스페인 알바생이 반갑게 맞아 주는, 커피도 싸고 맛있는 카페다. 쿠폰에 도장을 열 개 찍으면 한 잔 무료인 것 역시 고국을 떠올리게 한다. 이곳에서 에스프레소 토닉이란 걸 처음 마셔 봤는데, 카페인과 탄산의 조합이 오묘한 맛을 제공했다. 나는 따가운 햇볕이 절정에 치달은 세 네 시경 이곳에 들러 콜드 브루나 에스프레소 토닉을 마시며 작품을 구상하곤 했다.

오후가 되면 이렇게 돈키호테의 후예가 타 주는 커피를 홀짝이면서 신작 집필의 엔진을 가동시키려 머리를 굴려 봤지만, 여전히 동력이 부족했다. 마드리드의 일상에 안착하고 거리를 탐닉하는 데는 성공했지만 나만의 '돈키호테 찾기 행진'은 여전히 정체된 느낌이었다. 이제는 일상 이상의 뭔가를 추구할 때가 아닌가 싶었다.

7
서점으로의 행진

사실 지난주 스페인 광장에서 마법에 휩싸인 듯 녹색
천막에 덮인 세르반테스와 돈키호테, 산초 동상을 목격
하곤 기운이 빠졌던 게 사실이다. 하늘은 어찌하여 딱
이 시기에 내 영감의 아이콘이 자리한 곳을 공사판으
로 민드셨을까? 그러던 중 어제 지하철 오페라역을 지
나는데 벽에 붙은 〈맨 오브 라만차〉 공연 홍보판이 눈에
들어왔다. 커다란 책들이 탑처럼 쌓인 공간을 뒤로하고
돈키호테가 서 있고, 수많은 사람들이 붉은 깃털로 그
를 가리키고 있는 장면이었다. 돈키호테는 기사 소설에
빠진 늙은 이달고(시골 귀족)가 뒤늦게 뒷북치듯 기사도

정신을 되살리겠다고 방랑 기사를 자처하고 나서는 이야기가 아닌가. 주인공도 책벌레고 이야기 자체도 액자소설로 책에 대한 풍자가 끊임없이 등장한다. 그걸 반증이라도 하듯 포스터에는 책 탑을 배경으로 양복을 입은 돈키호테가 느긋하게 서 있었다.

이 포스터를 본 순간 머릿속에 불이 들어왔다. 그래. 돈키호테를 목격하기 위해선 책을 마주하면 된다. 광장이 아니라 서점으로 가자. 서점에 가서 책의 형상을 한 돈키호테를, 책 안의 돈키호테를 목격하자. 무거워 들고 오지 못한 한국판 대신 현지어가 빼곡한 원서를 집어 들면 그 질감만으로도 마치 타노스가 인피니티 스톤을 얻듯 막강한 집필 동력을 얻을 것만 같았다.

나는 서둘러 그랑 비아Gran Via로 향했다. 그랑 비아는 마드리드 중심가를 가로지르는 말 그대로 '큰길'이다. 광화문 대로에 교보문고가 있듯 스페인 역시 큰 서점은 큰길에 있었다. 대형 서점은 그랑 비아의 유명 백화점과 명품 숍들과 어깨를 나란히 하며 자리해 있었다. 혹시 아는가? 교보문고 광화문점의 주소가 '서울시 종로구 종로 1가'로 끝난다는 사실을. 우리나라도 스페인도 큰 서점이 중심가 대로에 떡하니 자리 잡고 있다는 사실에 출판 관계자로서 뿌듯함이 올라왔다.

서점으로 들어가자 언제 봐도 친숙한 책 벽이 나를 맞아 줬다. 카페 최고의 인테리어는 손님이지만 서점 최고의 인테리어는 책으로 가득한 책장이다. 물론 큰 서점이라고 했지만 교보문고에 비하면 한참이나 작은 규모다.

책들의 벽 뒤로는 작은 원형 공간이 있고 의자가 놓여 있었다. 작가들과 독자들의 만남이 이뤄지는 곳으로 보였다. 한쪽에서는 책을 읽고 구매하고 다른 한쪽에서는 작가와의 담소가 이뤄지는 서점의 저녁 풍경이 자연스레 떠올랐다.

*

이제 본격적으로 서가를 살폈다. 이사벨 아옌데, 마리오 바르가스 요사, 가브리엘 가르시아 마르케스, 호르헤 루이스 보르헤스 등 스페인어권 대작가들의 이름이 줄줄이 보였다. 스페인의 국민 시인 페데리코 가르시아 로르카 코너도 보였고 붉은 피칠갑 표지가 인상적인 스페인 스릴러 작가의 책 역시 눈길을 끌었다. 다만 어디에서도 미겔 데 세르반테스와 《돈키호테》의 모습은 눈에 들어오지 않았다.

실망한 채로 서점을 나오려던 나는 서점 중앙에 놓인 사람 크기의 사각 책장을 발견했다. 멀리서도 또렷이 책 표지에 적힌 세르반테스의 이름이 보였고, 부리나케 다가가 보니 세르반테스에 관한 전기였다. 그렇다면 《돈키호테》는? 아뿔싸, 바로 옆에 《돈키호테》가 떡하니 꽂혀 있었다. 그리고 그 옆에도 《돈키호테》, 그 아래도 《돈키호테》였다. 그러니까 이 책장 전체가 돈키호테와 세르반테스에 대한 책들로 가득 차 있는 것이었다.

나는 눈에 불을 켜고 각각의 《돈키호테》를 하나하나 살펴봤다. 저마다의 기발하고 아름다운 표지에 감탄을 멈출 수 없었다. 책 표지는 그 자체가 하나의 예술이다. 그것은 책의 얼굴이기도 하고, 책의 내용을 표현해야 하며, 책을 소장하고 싶게 만드는 이유도 돼야 한다.

풍차에게 돌진하는 돈키호테를 피카소 풍으로 묘사한 표지, 로시난테를 탄 돈키호테 부조의 사진을 담은 표지, 유명한 구스타브 모로의 삽화 중 돈키호테의 죽음 부분을 차용한 표지, 그래픽 아트처럼 깔끔한 선과 화려한 색채로 풍차 대신 풍력발전소의 그림자가 드리워진 라만차 평원을 묘사한 표지* 등 즉석에서 '《돈키호테》 표지 경연 대회'가 펼쳐진 듯했다. 나는 뷔페식당 메뉴를 다급히 섭렵하듯 각각의 표지 사진을 찍어 휴대폰에 담았다.

책을 펼쳤다. 원서의 글씨와 문장 하나하나를 이해하긴 어려웠지만 각각의 단락이 뭘 의미하는지는 알 것 같았다. 이 대목이 그 대목이구나, 정도는 간파가 되자 마음에 여유가 차오른다. 책이 주는 편안함, 책이 주는 특별함, 바로 책의 마법이다.

《파우스터》를 쓰는 1년간 일이 손에 안 잡힐 때마다 《파우스트》를 만지작대고 다시 읽고 심지어 베고 자기까지 했던 기억이 있다. 따져 보면 독일의 괴테 생가도 못 가보고 《파우스트》를 원전으로 한 작품을 쓴 내가 아닌가. 반면 '돈키호테 프로젝트'는 다르다. 쓰기도 전에 스페인에 와서 원서를 종류별로 마음껏 만지작거리고 있지 않은가.

나는 귀국하기 전에 다시 이 서점에 들러 원서 한 권을 반드시 사가겠다 마음먹었다. 어떤 책을 살지는 좀

* 이 표지는 《나의 돈키호테》 속 풍력발전소가 나오는 장면에 영감을 줬다.

더 고민할 것이다. 마음에 드는 표지가 너무 많기 때문
이다.

*

자신감이 충만해진 채 서점을 나와 그랑 비아를 걸으며
책에 대한 생각을 이어 나갔다.

언제부터 책을 좋아했던 걸까? 소심하고 내성적인
소년은 맞벌이 부모가 없는 텅 빈 집에서 책을 읽으며
혼자 공상하는 걸 즐겼다. 책을 좋아하니까 부모님은
책을 더 사줬고 놀이공원보다는 서점에 데려가 줬다.
책을 많이 읽어 문해력을 키운 게 학업 성적에도 도움
이 됐다. 어린 시절 책과 친해진 건 내게 가장 큰 행운
이었고, 결국 업이 됐다.

첫 직장이었던 영화사를 그만둔 뒤 백수로 지내다 우
연히 취직하게 된 두 번째 직장이 출판사였다. 처음 일
하게 된 곳임에도 출판사 생활은 하나도 어렵거나 어
색하지 않았었다. 워낙 책과 독서에 익숙했던지라 책에
둘러싸인 환경 자체가 편하고 자연스러웠다.

당시 나는 주말마다 대형 서점을 돌며 우리 출판사

책과 내가 편집한 책을 확인하는 걸 즐겼는데, 어느 날 서점 직원이 영업부장에게 '당신 출판사 편집자로 보이는 사내가 주말마다 매대에 출몰한다'라고 언질했다고 한다. 이후 회사에서는 그런 나를 애사심에 불타는 직원으로 평가해 줬지만, 사실 나는 그저 책이 좋았고 내가 참여한 책의 생태계를 만끽하고 싶었을 뿐이었다.

출판사 생활 4년간 나는 책 만들기를 배웠고, 이야기를 구상했으며, 쓰기를 게을리하지 않았다. 그래서일까, 다시 전업 작가가 되고 나서도 계속 책을 읽고 글을 썼으며 마침내 직접 쓴 책을 가질 수 있게 됐다. 그 신비한 과정과 온전한 선순환을 어찌 다 표현하랴. 젊은 시절 세르반테스는 길거리에 떨어진 종이 쪼가리에 쓴 글귀도 주워 읽을 정도로 활자 중독이었다고 한다. 그런 그였기에 도피자로, 군인으로, 세금 징수원으로, 죄수로 살면서도 책을 멀리하지 않았고 마침내 인생 말년에 《돈키호테》라는 명작을 완성할 수 있었다. 그에게도 나에게도 책은 인생 항로의 나침반이고 지도며, 돛대이자 닻이었다.

칼 세이건은 그의 책 《코스모스》에서 책은 먼 시대의 시민들을 한데 묶어 주기 때문에 인류의 가장 훌륭한 발명이며, 이처럼 시간의 족쇄를 풀어 주기에 인간이 마법을 부릴 수 있다는 증거라고도 했다. 내겐 《돈키호테》가 그러했다. 400년 전의 작가가 만들어 낸 다소 긴 이야기로 인해 나는 지금 스페인에 와 마법에 빠진 듯 마드리드 거리를 걷고 있는 게 아닌가.

상념에 잠겨 걷다 보니 어느새 그랑 비아의 장대한 건물들이 내 눈앞에 펼쳐졌다. 그것들은 조금 전 서점의 《돈키호테》 표지에서 본 라만차 평원의 풍차와도 같아 보였다. 나는 환상이 펼쳐진 거리를 향해 말발굽 소리를 내며 행진해 갔다.

8
내가 사랑한 거리

소설을 쓰기 위해 자료 조사를 하고 구상을 하다 보면 어느새 밥이 익듯 술술 줄거리가 구체화되고 캐릭터들의 모습이 안개 속에서 모습을 드러내듯 등장한다. 하지만 그들과 즉시 악수하고 마주 앉을 필요는 없다. 그들을 나의 작품이란 집에 들이지 않고 관망해야 한다. 이른바 지연 전략. 캐릭터를 확정하는 건 중차대한 일이다. 우리는 친구로 삼을 만한 타인을 시간을 두고 관찰하지 않는가.

나만의 《돈키호테》를 쓸 준비가 점차 진행되고 있다고 느꼈음에도 뭔가 계속 찜찜했던 것도 그런 이유였다.

마드리드에 대해 더 알아야 하지 않나, 세르반테스가 걸었던 이 도시의 거리를 좀 더 겪어 봐야 하지 않나, 돈키호테의 후예들과 더 접촉해야 하지 않나, 하는 생각이 들었다.

마드리드 가을 거리에 나선 나는 다시 무작정 걸었다. 그곳은 관광지에서 조금 벗어난 마드리드 시내 골목이었는데, 마치 을지로 공구 상가 골목처럼 굽이치는 길을 섭렵해 나갔다. 간간이 나오는 카페와 상점이 있었지만 대부분은 가정집이 자리한 맨션들로 이뤄진 거리였고, 몇 백 년은 족히 그대로 유지돼 온 오래된 거리의 분위기가 물씬 느껴졌다.

드디어 마드리드라는 동물의 몸 안에 들어온 기분이었다. 마치 내장처럼 꼬불꼬불한 거리를 내 발로 걸으니 세르반테스 시절의 이 도시를 만끽하는 기분이었다. 그런데 어느 한순간 거리마다 사람 이름이 붙어 있는 게 눈에 들어왔다. 그중 '로뻬 데 베가'라는 이름을 발견했다. 로뻬 데 베가, 그는 누구인가. 그는 세르반테스와 동시대를 산 극작가로, 스페인의 셰익스피어라 불릴 정도로 당대 큰 인기를 구가했다. 세르반테스 못지않은 대작가이자 당시 그만큼의 명성이 없던 세르반테스가 무지하게 질투하고 서로 디스전도 불사한 사이가 아 닌가. 그럼에도 한편으론 서로를 인정하기도 한 라이벌 오브 라이벌이었다.

'로뻬 데 베가 길'을 걷자 자연스레 생각이 옮겨 붙어 머릿속이 불타오르기 시작했다. 그렇다면 '세르반테스 길'도 부근 어딘가에 있지 않겠냐는 실로 합리적 추론 때문이었다. 아니나 다를까 로뻬 데 베가 길의 바로 다음 블록으로 가자마자 그곳에 '세르반테스 길Calle de Cervantes'이라는 표지판과 누가 봐도 확실한 매부리코 아저씨의 얼굴이 벽에 떡 붙어 있었다.

그의 얼굴을 목격한 나는 지난 주 티센 보르네미사 미술관에서 본 유명 화가들의 자화상에서도 느낄 수 없었던 충격에 온몸이 굳어 버렸다. 우연히 이 길을 발견하게 된 게 어떤 행운이자 운명처럼 느껴져 심장이 탱탱볼처럼 튀기 시작했다.

나는 잠자코 세르반테스 길을 걸었다. 그리고 길의 끝에서 세르반테스가 살았던 집을 만나고야 말았다. 마드리드의 세르반테스 하우스는 오랜 세월 객지를 전전한 그가 말년에 지냈던 곳으로 현재는 간단한 표식과 돈키호테와 산초 판사의 실루엣을 담은 그림만이 붙어 있었다. 후에 알아보니 이 집은 현재 개인 소유가 돼 관광 상품으로 활용을 못 한다고 했다. 그래서일까, 몇몇의 관광객만이 집 앞에서 사진을 찍고 있었고 나는 그 광경을 착잡한 심정으로 바라보며 서 있어야 했다.

수도사를 꿈꿨던 청년이 한순간의 실수로 도피 생활을 하게 됐다. 어쩌다 책을 내고 작가가 됐지만 내내 시원찮았고(여기서 일단 감정이입) 레판토 해전에 참전해 한쪽 팔이 불구가 됐으며 북아프리카에서 포로 생활도 5년이나 했다. 우여곡절 끝에 고국으로 돌아와 세금 징수원이 돼 전국을 떠돌았으나 다시 과실로 인해 감옥에 가야 했고, 그 감옥에서 신작을 구상했다. 이후 혹독한 집필 끝에 완성된 《돈키호테》가 전 유럽의 인기를 얻었지만 저작권이 없어 그에게 돌아온 건 없고 위작들이 판치게 됐다(절로 눈물이⋯⋯). 이에 다시 돈키호테 2편을 부랴부랴 써내야 했던 짠내 가득한 인생의 세르반테스는, 2편을 완성하고 1년 뒤 바로 이곳에서 작고했다. 그가 말년에라도 이곳에서 평안한 시간을 보냈길 바라며 나는 고개 숙여 묵념했다.

세르반테스 하우스에게 재회를 기약하고 돌아가는 중 아까 미처 확인하지 못한 박물관 하나를 발견했다.

로뻬 데 베가 박물관이었다. 이곳은 로뻬 데 베가가 살던 집으로 후손들에 의해 박물관으로 꾸며진 것이란다. 아니 대관절 그런데 왜 이게 세르반테스 길에 있는 걸까? 그것도 세르반테스 집보다 훨씬 으리으리하고 화려한 모습으로 자유롭게 관광객을 받아들일 수 있는 걸까?

아이러니했다. 세르반테스는 살아서도 로뻬 데 베가에게 밀렸는데, 죽어서까지 자기 이름의 길 위에 라이벌의 번듯한 박물관을 허용하고 있었다. 히트 작가인 로뻬 데 베가는 부유했기에 집도 후세에 이어져 박물관이 됐고, 가난했던 세르반테스는 간신히 살던 집의 흔적만 남길 수 있었던 게 아닐까. 대신 세르반테스는 길의 이름을 얻었고 로뻬 데 베가는 한 블록 앞길을 얻게 됐다. 후세 사람들이 나름의 배분을 해 준 걸까? 아니면 아이러니한 라이벌의 운명적 교차일까?

세르반테스 길을 나서자 허기가 배를 찔러댔다. 나는 부근 안톤 마틴 시장에 가 끼니를 해결하기로 마음먹고 구글 지도를 열었고, 큰길로 가 위치를 파악하기로 했다.

이윽고 뻥 뚫린 큰길에 나섰는데, 오. 마이. 갓. 놀라운 광경이 다시 내 앞에 펼쳐졌다.

*

세르반테스 길을 나와 큰길과 큰길이 이어지는 곳에 다다른 순간 맞은편에 자리한 삼각형의 작은 광장이 보였다. 그리고 그 광장 중심에 우뚝 선 사내의 동상이 있었는데, 동상은 말을 타지도 않았고 칼과 방패를 들지도 않았으며 투구도 갑옷도 없었다. 그럼에도 나는 그가 세르반테스라는 걸 즉시 확신했다. 오른손에는 창 대신 두루마리를 내밀고 있었고 왼손은 어깨부터 두른 망토에 감춰져 있는 게, 불구인 왼손을 가린 디자인임이 분명했다.

개가 주인의 발소리만 듣고도 뛰어가듯 나는 동상을 향해 그레이하운드처럼 달려갔다. 다가서자마자 킁킁대며 주위를 맴돌았다. 단상 한쪽 면에는 돈키호테와 산초 판사가 평원을 걷고 있고 그 위로 둘시네아로 보이는 여성이 천사처럼 그들을 옹위해 주는 모습이 음각으로 새겨져 있었다. 반대편 쪽으로 가 보니 돈키호테가 우리에서 사자를 풀어 주는 기막힌 장면 또한 새겨져 있었다. 세르반테스 동상은 위엄 있고 당당한 모습으로 대로변을 향해 서 있었고 그 아래 음각들은 익살맞은 형태로 책 속 이야기를 재현하고 있었다.

흥분을 누른 뒤 나는 존경의 시선을 담아 청동 세르반테스 옹과 아이 콘택트를 시도했다. 그는 허기진 얼굴과 상기된 표정으로 서 있는 길 잃은 동양인에게 이렇게 물었다.

"그래. 돈키호테는 찾았느냐?"

"그게…… 음…….."

"돈키호테는 어디에나 있고 어디에도 없지. 결코 쉽지 않을 게야. 그래서 여기로 온 건가?"

"솔직히, 아닙니다."

"어디로 가는 길이었니?"

"그저 막연히 마드리드 골목길을 탐방 중이었습니다. 거리에 떨어진 영감 한 조각이라도 주울 수 있을까 해서…….."

"쯧쯧. 영감 타령만 하는 걸 보니 못난 작가가 맞구나. 그럼 이곳엔 찾아올 생각이 없었던 건가?"

"안 그래도 이제 찾아뵈려고 했어요."

"내 집은 어떻더냐?"

"관광객들이 좀 있더라고요. 근데 좀 가난하셨나 봐요. 집이 꽤 작고 허름하더이다."

"이해하지 않느냐. 너도 부유한 작가 같아 보이진 않는데."

"그라믄요. 근데 왜 제가 산초 판사처럼 말하고 있는 건지요?"

"그게 네 캐릭터이기 때문이다. 자 이제 네게 임무를 부여하겠다."

"왜 저를 종복 취급하십니까?"

"난 이미 네가 나를 위해 저 멀리 동방의 끝에서 온 걸 안다. 더 이상 튕기지 마라. 내가 주는 임무는 네게 큰 선물이기도 하니까. 돈키호테를 찾아왔다고 하지 않았느냐?"

"그라믄입쇼."

"돌아오는 달 9일이 내 생일이다."

"죽어서까지 생일을 챙기시다니 대단하십니다요."

"요점은 내 생일에 내가 태어난 도시에 가면 진짜 돈키호테를 만날 수 있을 게야."

"예? 그럼 다음 달 9일에 알칼라 데 에나레스에 가면 돈키호테를 만날 수 있다는 겁니까? 그거 확실한 겁니까요?"

"어허! 속아만 살아왔느냐."

"그럼 알칼라 데 에나레스에 가야겠네요. 근데 마드리드에서 얼마나 걸리나요? 어떻게 가면 되죠?"

"그거야 검색해 보면 알 거 아니냐. 거리는 서울에서 수원 정도 될 게다."

"세르반테스 님께서 서울-수원 간 거리는 어떻게 아십니까? 거참."

"자, 각설하고. 나의 길과 나의 집을 봤으니 나의 도시도 다녀오도록 하게. 그러면 너는 돈키호테에 대해 비로소 쓸 수 있게 될 것이야."

"그, 그게 정말입니까요?"

진리에 의문을 품지 말라는 듯 동상은 더 이상 말이 없었다. 나는 세르반테스 동상을 향해 고개 숙여 인사한 뒤 함께 셀카를 찍었다.

9
프라도의 거인

다시 일주일이 지났다. 이제 온전히 마드릴레뇨가 된 기분이다. 아침마다 꼬박꼬박 동네를 돌며 조깅을 하고, TV로 유로바스켓 결승에 진출한 스페인 국대 농구팀을 응원하기도 했다. 시에스타는 이제 늦잠을 자는 경지에 이르렀다. 레지던시에서 가까운 시장에서 하몽 보카디요를 끊어 와 먹기도 하고, 이곳저곳에서 추천받은 이 도시의 힙 플레이스도 섭렵했다.

　이제 돈키호테와의 정면 승부를 펼쳐도 될 듯했다. 하지만 스페인의 또 다른 굉장한 보물을 경험하기 전에 돈키호테를 향해 돌진하는 건 여전히 섣부르다는 우려가 들었다. 그렇다. 뭐든 신중해서 나쁠 건 없지 않은가.

그리하여 나는 '프라도 미술관'으로 향했다. 마드리드 3대 미술관이자 세계 3대 미술관인, 명실상부한 스페인의 대표 문화유산을 경험하기로 했다.

2018년 4월 퓰리처상 비평 부문 수상자인 미술비평가 제리 살츠Jerry Saltz는 뉴욕에서 열린 프리즈 뉴욕Frieze New York 아트 페어의 강연 자리에서 젊은 예술가들에게 열 가지 조언을 나눠 줬는데, 그중 하나가 이것이다. "여행할 기회가 생긴다면 스페인 마드리드의 프라도 미술관에 가라. 버스를 타든, 비행기를 타든, 무조건 그곳에 가야 한다. 가서 3일을 그곳에서 보내라. 다른 곳은 필요 없다."

지난해 이 기사를 읽고서 알게 된 곳이 프라도 미술관이었다(미술 문외한이라는 걸 앞서 강조했습니다). 살츠 역시 이 기사로 알게 된 미술비평가였는데, 그가 남긴 다른 아홉 가지 조언 역시 너무나 절절해 나는 그의 조언을 심각하게 받아들이기로 했고, 이후 주변에도 널리 알려야 할 예술가의 금언이라 주장해 왔다. 여기서 그가 남긴 금과옥조 같은 조언을 한번 살펴보면,

제리 살츠의 젊은 예술가를 위한 열 가지 조언 [*]

1. 작가가 해야 할 첫 번째 일은 자기 생각을 '구슬로 꿰어 내는 것'이다. 당신이 어떤 생각을 갖고 있든 작품을 '만들어 내지 않으면' 예술은 없다.

2. 작가의 삶은 고되다. 그러므로 정말, 정말, 정말, 정말로 꼭 하고 싶을 경우에만 그 길을 택하라.

3. 밤을 꼬박 새울 만큼 치열하게 하고, 동료 작가들과 서로 지지해 줘라. 혼자서 버티기엔 당신이 굉장히 약한 존재임을 잊지 마라.

4. 가난하게 살게 될 것이다. 하지만 그 삶이 절대 지루하진 않을 것이다.

5. 질투를 이겨 내라.

6. 당신 작품의 의미는 당신 소유가 아니라는 점을 잊지 마라. 오스카 와일드는 "당신이 당신 작품을 안다고 생각하는 순간, 그것은 죽은 것"이라고 했다.

7. 강인해져라.

● "가난이냐, 지루한 삶이냐 … 무엇을 선택할 것인가?", 이은주 기자, 중앙일보, 2018.

8. 여행할 기회가 생긴다면 스페인 마드리드의 프라도 미술관에 가라. 버스를 타든, 비행기를 타든, 무조건 그곳에 가야 한다. 가서 3일을 그곳에서 보내라. 다른 곳은 필요 없다.

9. 당신의 작품을 위해 일곱 명만 설득해라. 네 명의 컬렉터, 한 명의 딜러, 두 명의 비평가에게 당신의 작품이 기회를 얻을 만한 가치가 있다고 설득하면 된다. 일곱 명이면 된다!

10. 공격을 받아들여라. 당신 자신을 드러내고, 당신의 의견을 가져라. 그리고 기억하라. 당신은 자신이 안다고 생각하는 것보다 훨씬 덜 알고 있다는 것을.

어떠한가? 노老비평가의 삶과 예술에 대한 통찰이 철철 느껴지지 않는가? 젊은 예술가들이 새겨들으면 정말로 좋은 내용이라고 생각한다. 나는 특히 1, 4, 5, 8번에 공감한다. 부연을 하자면,

1. 생각을 구슬로 꿰다.

결국 작품은 작가의 생각을 어떤 식으로든 모아서 결합한 것이다. 레고 블록 방식이든, 퍼즐 방식이든, 찰흙

을 빚어 만들었든, 작품을 수많은 결합과 분리 속에서
완성된다. 나는 초고에서 덜어낸 내용을 절대 버리지
않는다. 다음 고나 다다음 고에서 변형돼 맞춰지는 퍼
즐이 될 수도 있기 때문이다.

4. 가난하게 살게 될 것이다.

다소 잔인하게 들릴지 모르나 분명한 사실이다. 나
자신과 대한민국 작가들만이 아니라, 전 세계 예술가들
이 겪는 현상이다. 자기 예술로 돈을 버는 데는 오랜 시
간이 걸리기 때문이고, 어떤 경우에는 끝까지 돈으로
환산이 되지 않는 예술을 하기 때문이기도 하다. 살츠
의 이 조언에서는 뒤 문장에 집중하기 바란다.

'하지만 그 삶이 절대 지루하진 않을 것이다.'

누군가 내게 오랜 무명 생활을 어떻게 버텼냐고 물을
때마다 나는 답한다. "힘들지만 재밌어서 계속할 수 있
었어요." 재밌다는 건 지루하지 않다는 뜻 아닌가? 결
국 같은 말이다. 물론 만약 당신이 지금 하는 예술이 돈
으로 치환되지도 않고 재밌지도 않다면 당장 때려치우
길 바란다.

5. 질투를 이겨 내라.

이는 멘탈에 대한 조언이다. 예술가들만의 예민함과 좁은 시장에서의 경쟁으로 인해 질투는 필수 불가결한 감정이다. 하지만 자신만의 길을 가기 위해서 질투라는 감정은 이겨 내야 할 요소다. 어떻게 이겨 내는지는 각자의 방식으로 해결할 일이다만, 충고한다면 질투를 투지로 바꾸는 게 관건이라고 말하고 싶다.

한편 나는 창작에서의 질투라는 감정 못지않게 조심해야 할 게 오만이라고 생각한다. 《슬램덩크》의 강백호처럼 내가 천재라는 자신감은 어떤 작가에게나 필요하지만, 그게 오만으로 변질되면 이는 치명적이다. 오만은 창작자의 손발을 묶어 게으르게 만든다. 자신감이 오만이 되지 않게 잘 다스려야 할 것이다.

＊

오전에는 사람들이 붐빈다는 첩보에 오후 한 시를 지나 프라도에 도착했다. 아니나 다를까, 오전 관람을 마친 사람들이 점심을 먹으러 빠져나오고 있었다. 아트 패스가 있는 나는 줄을 설 필요 없이 곧바로 미술관으로 입장했다.

프라도를 먼저 방문했던 분들의 조언에 따라 가장 위층인 3층으로 올라갔다. 3층부터 훑어 내려오며 그림을 감상하기 시작했다. 예상대로, 방대했다. 먼저 렘브란트와 루벤스 그리고 플랑드르 지방 화가들의 그림이 쉴 새 없이 펼쳐졌다. 플랑드르 지방과 네덜란드는 과거 스페인의 식민지였기에 그곳 화가들의 여러 작품이 모셔져 있었다. 나는 특히 벨기에 한 화가가 그린 전투 지형도 같은 그림에 푹 빠졌는데 풍경화의 중심부에 자리한 적의 성채 조감도에서 시작해 그림 앞부분에 와서는 적의 성안으로 대포를 날리는 아군의 모습이 과장된 원근감으로 묘사돼 있었다. 원근감을 적당히 무시했지만 멀리 상대 성곽 혹은 전투지를 조감해서 세밀하게 그린 그림은 그 자체로 전술 지도이자 전투 기록을 남긴 작품이 아닌가 싶었다.

뒤이어 '도팽의 보물 방'은 원형의 전시 공간이었는데, 그곳에 루이 14세의 아들인 루이 드 프랑스, 일명 '그랑 도팽' 소유의 보물들이 전시돼 있었다. 이 보물들은 도팽의 아들인 스페인 왕 펠리페 5세가 상속받아 프라도에 남게 됐다고 한다. 크리스탈, 옥, 금, 은 등을 정교하게 세공한 장식품들이 마치 인디아나 존스가 잠입해 훔쳐야 할 것처럼 자리하고 있었고 보물을 담는 전용 가죽 함 역시 가죽 본연의 결이 잘 살아 있어 아름다웠다. 나로서는 인디아나 존스의 도둑질을 돕고 내용물 대신 가죽 함만 좀 챙겨도 충분히 만족스러울 듯했다.

2층에서는 방대한 분량의 종교화와 정물화가 보였는데, 세르반테스와 돈키호테가 활동하던 1500년대에서 1600년대 작품들이 많아 그 시대의 시대상을 마치 활동사진 보듯 경험할 수 있어 좋았다.

뒤이어 수많은 인물화가 전시실을 채우고 있었다. 사진이 없던 시절, 왕가와 귀족들이 사진을 찍듯 궁정화가를 시켜 이렇게 기록을 남긴 게 아닌가 싶었다. 그 업무를 수행하는 궁정화가 중 한 명이 바로 '고야'다. 스페인의 영혼과도 같은 고야가 궁정화가의 의무로 그린 그림들이 파스텔 톤의 밝고 화려한 색채로 빛나고 있었다. 그 시대 왕족과 귀족들이 내 눈앞에서 생생하게 살아나고 있었고, 인간의 살아 있는 표정을 덕지덕지 묻힌 그만의 화풍에 완전히 반해버리고 말았다. 그러고 나서 1층으로 내려간 뒤 목격한 그의 변신에 마치 반전 영화를 보듯 소름이 돋고야 말았지만.

프라도에 한 번만 올 건 아니지 않은가? 2층의 1/3 지점을 지날 즈음 이미 내 체력은 방전되기 시작했고, 제리 살츠가 프라도의 마드리드에서 3일을 지내다 오라고 한 이유를 온몸으로 수긍하게 됐다. 프라도는 매우 크다. 다행히 프라도 미술관은 매일 마감 두 시간 전에는 무료로 들어올 수 있고 내게는 두 달의 시간이 남아 있었다. 나는 남은 전시들을 건너뛰고 1층의 고야를 향해 내려갔다.

오늘 프라도에서 집중해 감상하려던 게 고야의 그림들이었다. 2층의 고야는 궁정화가로서 그리고 풍속화가로서의, 뭐랄까 잘 정돈된 단정하고 명랑한 화풍을 보여 주고 있었다. 그건 왕족과 귀족의 주문을 받아 그린, 기념사진과도 같은 그림이었다. 물론 충분히 근사한 작품들이다. 하지만 1층에 자리한 고야의 작품은, 그러니까 좀 더 그다운 말년의 작품들은 시대의 고뇌와 아픔을 강렬하게 묘사하고 있었고 그의 깊은 영혼의 우물 또한 엿볼 수 있게 해 줬다.

〈1808년 5월 3일 마드리드〉란 작품은 프랑스에 함락당해 총구가 겨눠진 스페인 민중의 참혹한 모습을 생동감있게 보여 줬다. 표정 하나하나에 고통과 두려움이 느껴지는 사람들의 모습을 너무도 생생하게 살아 있는 질감으로 묘사하고 있어 놀라울 따름이었다. 또한 자기 아들을 잡아먹는 사르트누스를 그린 그림과 어딘가 불만 어린, 적당히 취한 두툼한 볼의 자화상에서는 광기로 들끓는 그의 내면이 그림 속에 가득 담겨 있었다. 젊은 시절 방탕한 생활로 성병을 앓고 있었던 그는 그로 인해 자식들이 병으로 일찍 죽자 크게 좌절했다고 한다. 이 그림들은 그의 내면을 보여 주는 반영이 아닐까 싶었다.

이러한 어두운 화풍의 그림들 끝에 마침내 가장 보고 싶었던 작품 〈거인〉을 만날 수 있었다. 깊은 밤 분주한, 개미 같은 피난민들이 검은 평야에 쏟아져 있고 그들 뒤로 캔버스를 가득 채운 거인의 뒷모습이 밤과 같이 드리워져 있다. 아, 이게 고야의 내면이고 이게 스페인의 풍광이며 이게 이 부박한 민족의 영혼이 아닐까, 하는 생각이 폭풍처럼 감도는 그림이었다.

프라도를 나와 보니 정문 앞으로 고야의 동상이 떡하니 자리하고 있었다. 여전히 불만스러운 표정은 똑같았지만 머리에는 하얀 새똥이 그득했다. 아무렴. 동상은 비둘기들 공중변소일 따름이지. 나는 고야의 영혼에

취해 얼얼한 기운의 머리를 식히기 위해 걸어서 숙소로
돌아와야 했다.

10
마드리드의 허파

오늘은 글이 좀 써질까 해서 책상 앞에서 오전을 보냈
으나 별 성과가 없었다. 아무렴, 구상이 영글지 않고 글
감이 세팅되지 않은 상태로 노트북을 마주하고 앉는 건
엉덩이와 허리를 고문하는 일일 뿐. 나는 오늘도 책상
을 벗어나 배낭을 메고 작업실을 나섰다.

　마드리드로 오기 전 여러 사람이 내게 '주 스페인 한
국문화원'에 가 보라고 조언했다. 그곳에는 한국 문화
와 한글에 관심이 있는 스페인 사람들도 많고 한국 책
들도 있다고 덧붙이며. 안 그래도 컴퓨터 모니터로만
텍스트를 읽는 데 지친 내게 솔깃한 추천이었다. 그리

고 올해 마드리드의 레지던시에 입주한 유일한 한국 작가로서 한국문화원에 찾아가 인사를 나누는 것도 필요한 일이라 생각했다.

주 스페인 한국문화원은 레지던시가 있는 그레고리오 마라논역에서 지하철로 두 정거장 남짓 떨어진 그리 멀지 않은 곳에 있었다. 게다가 오늘 가려는 레티로 공원 방향이라서 한국문화원에 들른 뒤 레티로 공원으로 향하면 딱 맞는 동선이었다.

오늘도 마드리드는 창창하다. 오전의 맑은 햇살 아래 운동화를 통통 튕기며 마라논 광장을 지나 대로 중앙을 관통하는 가로수 길을 걸었다. 나도 모르게 콧노래가 흘러나왔다. 기분이 좋은 이유를 떠올려 보니 일단 한국 분들이 있는 곳인 만큼 언어 소통의 부담이 없다는 것과 아울러 한국 책이 있다는 점도 먹이를 찾는 책벌레를 들뜨게 하는 듯했다.

살짝 땀이 맺힐 정도의 걸음 끝에 대로변에 자리한 한국문화원에 당도했다. 그런데 막상 앞에 다다르자 머릿속이 복잡해졌다. 한국문화원에 스페인 사람만 잔뜩 있으면 어쩌지? 한국문화원에서 혹시라도 나를 알아보는 분이 있으면 어쩌지(설마)? 마드리드에 여행 온 사람인데, 책 좀 빌리겠다고 할까? 아니면 최초 목표대로 "저는 토지문화관과 스페인 문화국 주최로 마드리드 레지던시에 교환 작가로 온 김호연이라는 소설가라고 합니다"라고 또박또박 말해야 할까?

벌써부터 초조해졌다. 나란 사람이 이렇게 낯을 가린 다는 걸 대부분은 잘 모른다. 여기가 마드리드고 내가 외로워서가 아니라 원래 이런 성격이라는 사실을 주변 도 잘 모른다. 흔히 말하는 '트리플 A형'에 MBTI는 말 할 것도 없이 '극 I'고, 막상 말을 트면 잘도 떠들지만 속 으로는 오만 가지 걱정과 염려를 지닌, 상당히 심약한 인간이란 걸.

나는 가면을 쓰기로 했다. 그저 마드리드에 관광 온 한국인이고 책을 좀 빌려 보려 한다고 말하기로 정 했다. 혹 대여가 안 되면 문화원에서 읽다 가면 될 것 이고.

＊

문화원이 자리한 2층으로 들어서자 갸름하게 잘생긴 스페인 총각이 내게 스페인어로 인사했다. 나도 자연스레 인사한 뒤 안으로 들어섰다. 아무런 제지 없이 진입이 가능한 곳이 바로 자국의 영토임을 실감했다.

안쪽으로 사무실과 접견실이 보였고 평창 동계 올림픽 마스코트인 수호랑과 반다비가 양손을 쫙 펼친 채 나를 반겨 줬다. 나는 하얗고 검은 사랑스러운 녀석들을 뒤로하고 진정한 관심사인 벽 한쪽을 꽉 채운 책꽂이로 향했다.

그곳에 책이 많이 있었다. 한글로 된 책이, 아주 많이 있었다. 기분이 금세 좋아졌다. 하지만 소설 코너를 샅샅이 살핀 뒤에도 내 책을 한 권도 발견하지 못하자 살짝 시무룩해졌다.

그동안 출간한 네 권의 소설 중 한 권 정도는 있지 않을까 기대한 게 사실이다. 연식도 인지도도 가장 높은 《망원동 브라더스》 혹은 신작 《파우스터》 둘 중 하나는 있길 바랐다만, 역시 책이 바다를 건너오는 일은 쉽지 않은 듯했다. 가만, 혹시 외국이라 신작이 아직 보급되지 않은 건 아닐까? 그래서 《파우스터》가 여기 없는 걸 거야……, 라고 생각할 즈음 정유정 작가님과 조남주 작가님의 신작이 바로 눈에 들어왔다. 역시 베스트셀러 작가님들의 위엄이란.

그럼에도 불구하고 다시 기분이 좋아진 건 《돈키호테》 완역본을 발견했기 때문이다. 짐의 무게를 줄이고자(고백하자면 팩 소주와 컵라면을 채우느라) 책을 가져오지 못했는데, 이곳에는 민용태 역자님 버전 완역본이 있었다. 한국에서 여름에 읽은 것은 안영옥 역자님 버전이었고, 다른 역자 버전도 읽고 싶었기에 안성맞춤이 아닐 수 없었다.

나는 《돈키호테》를 빼들고 사무실로 향했다. 문을 열자 대여섯 명의 한국 직원분들이 한국인임이 분명한 한 아저씨의 출현에 눈길을 돌렸다.

"저 책 대출을 좀 하려고 하는데요."

말이 끝나기도 전에 내 정면에 자리한 남자 직원분이 일어나며 외쳤다.

"혹시 김호연 작가님 아니세요?"

"엇, 저를 어떻게 아세요?"

민망함과 반가움이 절로 광대를 실룩이게 만들었다. 내 이름을 정확히 발음한 그분은, 스페인 한국문화원 문화 행사 담당 나예원 주무관이었다. 그는 스페인 문화지원국 문예 담당자 아인오아 산체스Ainhoa Sanchez를 통해 한국 작가 한 명이 마드리드 레지던시에 온다는 소식을 들었다며, 안 그래도 한번 레지던시에 찾아 뵐까 했다는 게 아닌가.

나예원 주무관의 센스와 환대에 놀라며, 나를 먼저 알아봐 준 것에 어깨가 슬쩍 으쓱하며, 그의 안내에 따라 도서 대출증을 발급받았다. 도서 대출증을 발급해 준 입구의 스페인 청년은 내가 소설가라는 사실을 전해 듣고는 잠시 뚫어져라 바라보더니, 혹시 스페인에 출간된 작품이 있는지 물었다.

'지금은 없고 이제 시작해 한 5년 뒤에 들고 올 겁니다'라고 호기롭게 떠들진 못하고 안타깝게도 아직 스페인 출간작은 없다고 답했다. 그는 아무렴 괜찮다고 답한 뒤 돌아갔다. 나중에 들으니 그 청년은 스페인 문학 잡지의 기자이기도 해 나에 대한 취재나 인터뷰를 생각했던 것이란다. 순간 의욕이 불쑥 솟았다. 어서 한국판 돈키호테를 써서 스페인판을 내고, 그래서 번듯하게 저 친구에게 인터뷰이로 자리매김하고 싶었다. 가벼운 발걸음으로 한국문화원에 들렀다가 이렇게 다시 집필 의지를 불태우게 되다니, 오늘의 방문이 좋은 집필 자극제가 될 듯했다.

그런데 대출증을 만들자 《돈키호테》를 빌리려던 계

획에 차질이 생겼다. 그것은 이 두 권의 책이 문화원에서 잠시 들고 다니는 것만으로도 충분히 무거웠기 때문이었다. 잠시 뒤 레티로 공원에서 한가하게 산책을 하기엔 은근히 부담스러웠다. 의지와 체력이 약한 중년 사내는 곧바로《돈키호테》를 포기하고 대신 움베르트 에코의《세상의 바보들에게 웃으면서 화내는 방법》을 빌렸다. 한 15년 전에 출판사 이벤트로 제공된 소형 문고본으로 이 책을 읽은 적이 있었다. 하지만 시간도 오래됐고, 돌아가신 에코 옹도 그립고, 무엇보다 웃으며 화내고 싶어지게 만드는 놈들이 주변에 늘어난지라 재독이 필요했다. 일단 이 책으로 스타트를 끊은 뒤 다음 번에《돈키호테》를 빌리겠다 마음먹었다.

✳

한국문화원을 나오자 마드리드의 햇살 쨍쨍한 거리가 다시 내 앞에 펼쳐졌다. 마치 '마포갈비'에서 나와 2차로 타파스 바에 들른 기분이었다. 반갑고 친근한 우리 네 사람들의 기운이 내게 힘을 줬다. 어느덧 점심시간이 다 돼 가는 시간, 분주하게 사람들이 오가는 거리를 따라 계속 내려갔다. 그렇게 15분 정도 걷자 커다란 공원 지대가 내 앞에 펼쳐졌다.

레티로 공원이었다. 나는 빨려 가듯 녹음의 바닷속으로 들어갔다.

이 공원, 정말 좋다. 여의도 전체를 온통 숲으로 채우면 이 정도가 될까? '마드리드의 허파'라는 말이 참으로 적절했다. 이곳은 도심 한복판의 쉼터로, 개와 함께하는 산책로로, 아이들의 놀이터로, 마드릴레뇨의 운동 장소로, 현지인과 관광객 모두를 받아 주는 곳이었다. 그래서일까, 엄청나게 방대한 공간이어서 하루에 다 돌아보기엔 무리가 있었다.

앞으로 일주일에 한 번은 꼭 레티로 공원에 찾아오겠다고 마음먹었다. 나이가 들수록 눈이 나빠지고 그럴수록 녹음을 많이 봐야 한다고 들었다. 토지문학관에서 산과 숲을 수시로 바라보며 좋아졌던 시력이 다시 침침해지던 찰나, 이 공원에 들러 숲과 나무를 마음껏 바라보자 각막이 씻은 듯 상쾌해졌다(의학적으로 검증된 바는 없습니다).

하릴없이 걷다 벤치에 앉았다. 제대로 갖춰 입고 러닝을 하는 마드리드 사람들, 산책을 하는 사람들과 그들의 개들, 호기심 어린 표정으로 다니는 다양한 나라의 관광객을 보는 재미만으로도 여기 온 본전을 뽑은 듯했다.

서울에 이런 곳이 있는가? 이런 크고 멋진 공원은 떠오르지 않는다. 다만 한강이 있다. 한강은 정말 자랑할 만하다. 그리고 산이 있다. 시내 한복판은 물론 서울을 둘러싼 산이 몇 개냐? 남산, 북악산, 인왕산, 관악산, 북한산 등. 우리는 우리대로 도시와 조화롭게 자리 잡은 자연이 있다. 그리고 마드리드의 중심엔 레티로 공원이 있다.

관광이란 관국지광觀國之光을 줄인 말이라고 한다. 다른 나라의 빛을 본다는 뜻일 텐데, 그렇다면 오늘 나는 스페인의 빛을 봤다고 할 수 있겠다. 그 빛은 너무나도 푸르고 울창해 내게 이 도시의 참된 아름다움을 만끽하게 해 줬나.

그뿐일까? 그동안 마드리드 3대 미술관 중 두 군데를 다녀왔고, 세르반테스 길과 집에 다다랐고, 세르반테스 동상과도 마주했다. 한국문화원도 방문했고 꼭 와 보고 싶던 레티로 공원에 와 휴식도 취했다. 이제 만반의 준비가 된 듯했다. 돈키호테를 쓸 시간, 돈키호테처럼 갑옷을 입고 늙은 말에 올라탈 시간 말이다.

＊

놀랍게도 5년 뒤, 나는 한국문화원 입구의 스페인 청년을 같은 곳에서 재회하게 된다. 2024년 2월《불편한 편의점》의 스페인판 출간 행사로 스페인을 찾은 나는 마드리드 한국문화원에서 여러 인터뷰를 진행해야 했는데, 그 자리에서 문학잡지 기자의 자격으로 온 그와 떡하니 마주하게 됐다. 우리는 서로를 보자마자 감격의 포옹을 나눈 뒤 한참이나 같이 웃었다.

그는 현지에서 갓 출간된《불편한 편의점》(스페인판 제목: La Asombrosa Tienda de la Señora Yeom: 염 여사의 경이로운 상점)을 재미있게 읽었다고 덕담한 뒤 인터뷰는 날카로운 질문을 던질 거라며 회심의 눈빛을 보였다. 물론 나 역시 무슨 질문이든 하라며 응수했다.

그날 한국문화원에서만 10여 건의 방송과 언론 인터뷰를 진행했는데, 내게는 이 스페인 친구와의 시간이 가장 의미 있는 자리였다. 그의 이름은 다비드 발리엔테David Valiente, 한국 문학에 진심인 이 친구에게 귀국 후

받은 기사의 제목은 다음과 같다.

김호연: "한국 문학은 한국 사회만큼 경쟁력 있어"_{Kim}

Ho-yeon: "La literatura surcoreana es tan competitiva como su sociedad."

III.

세비야의 소설가

11

돈키호테적인, 너무나도 돈키호테적인

나는 지금 세비야의 산 세바스티안 거리에 서 있다.

'한국판 돈키호테'에 관한 구상을 정리해야 할 이때 왜 여기 와 있는 걸까? 작업실에 콕 박혀 연필을 깎듯 글쓰기의 날을 갈아야 할 판에 왜 이 번잡하기 그지없는 관광지 한복판에 떨어진 걸까?

어쩌면 소설을 쓰기 두려워서일지도 모르겠다.

소설 쓰기를 포기하려던 내게 스페인에 가 소설을 쓸 기회가 생겼다. 나는 호기롭게 트렁크 하나에 짐을 때려 넣고 마드리드의 작업실에 왔지만, 바뀐 건 환경일 뿐 소설을 다시 쓰기 위한 단단한 마음을 벼리진 못한 듯했다.

그동안 소설을 쓸 때는 작품이 독자들의 사랑을 받을 것이란 희망이 있었다. 하지만 세 편 연속 독자들과의 소통에 실패한 지금, 더 적나라한 표현을 쓰자면 세 편 연달아 외면당한 지금, 이국에서 '한국판 돈키호테'를 쓴다는 행위 자체가 너무도 허황된 듯해 자꾸만 맥이 빠졌다.

그야말로 돈키호테적인quixotic 행동이다.

도대체 왜 네가 쓰는 소설에 사람들이 관심을 가져 줄 거라 믿는가? 그것도 밑도 끝도 없는 돈키호테 타령이라니……. 이번에도 외면당할 게 뻔한데 굳이 쓸 필요가 있을까? 그냥 마드리드에서 잘 쉬고 돌아가 본업인 영화 시나리오나 열심히 써 생계에 힘써야 하지 않을까? 등등 회의감에 듬뿍 적셔진 질문의 부스러기를 핥아 대며 소설 쓰기를 미루고 있었다.

돌이켜 보면 그동안의 소설 작업은 출판사와 계약한 뒤 소정의 선인세를 받았다. 편집자와 의견을 나누고 마감을 정했다. 마감이 있다는 게 소설을 쓰게 만들었고, 계약이 있다는 게 책 출간을 보장했다.

그런데 출간을 보장받고 쓰지 않는 첫 소설이 바로

이 '한국판 돈키호테'인 것이다.

나는 소설을 쓰기 전 미리 카피를 고민해 본다. 이는 작가의 창작력을 고취시키는 동시에 작품의 방향을 정조준하는 행위이기도 하다. 그런데 이 작품은 도무지 카피가 떠오르지 않았다.

"《파우스터》에 이은 김호연 작가의 또 다른 고전 재해석!"

이는 《파우스터》가 베스트셀러가 됐어야 가능한 카피다.

"《망원동 브라더스》 김호연 작가가 발로 뛰며 쓴 한국판 돈키호테!"

유일한 히트작 《망원동 브라더스》를 내세워 보지만 이 작품과 《돈키호테》 간의 연관성을 찾기 쉽지 않다. 그리고 《망원동 브라더스》의 끗발도 떨어지고 있어 내세우는 게 맞나 싶은 생각도 든다.

"마드리드에서 체류하며 토해낸 역작, 김호연의 한국판 돈키호테!"

마드리드 생활을 강조하며 꼼꼼한 취재를 바탕으로 한 작품임을 어필해 보지만 여전히 공허하다.

"당신이 생각하는 돈키호테는 누구입니까? 김호연이 재탄생시킨 '한국판 돈키호테'!"
그나마 괜찮아 보이긴 하는데 역시 독자들을 끌어올 정도는 못 된다.

결국 카피 쓰기를 포기한 나는 소설 쓰기를 저만치 뒤로 미뤄둔 채 마오우 맥주를 마셨다. 이전에도 언급했듯이 마오우 맥주는 한국의 카스 맥주와 많이 비슷하기에 떡볶이와 파전 안주가 떠올랐고, 고국이 그리워졌으며, 내가 물설고 낯선 이 객지까지 와 뭔 고생을 하는 건가, 하는 푸념과 서러움이 몰려왔다.
어쩌면 외로워서일지도 모르겠다.
아내도 없고 친구들도 없다. 지인도 없고 동료도 없다. 글쓰기는 고립이 기본이라지만 한국어가 하나도 안 들리는 이런 객지에서의 고립은 처음이다.
문득 아내와 신혼여행 때 들른 스페인 도시들이 그리워졌다. 세비야 대성당이 떠올랐다. 그라나다의 알함브라 궁전 역시 잊을 수 없다. 바르셀로나 보케리아 시장의 해물 한상과 몬세라트 수도원의 검은 마리아가 그리워졌다.

그리하여 나는 떠나기로 했다. 체류 중 여행을.

결코 '글이 안 써져 마감 제치고 편집자님 전화 씹고 바다 보러 갔어요'가 아니다. 내겐 편집자도 마감도 없고 그저 떠나야 해서 떠난 것이다. 마드리드만 스페인이 아니지 않은가? 그리고 돈키호테 역시 떠나면서 시작되는 이야기가 아닌가. 고향 라만차를 벗어나 세비야로 향하다가 돌아오고야 마는 내용이 1편이다.

그래서 나는 세비야로 떠나기로 했다. 그곳에 가면 만날 수 있는 돈키호테와 세르반테스에 대해 살피기로 했다. 다시 나만의 로드 무비 주인공이 돼 잔잔했던 심장 박동을 요동치게 하기로 했다.

*

다시 찾은 세비야는 여전히 화려했다. 2015년 늦가을, 그러니까 4년 전에 이 도시에 왔었다. 결혼한 지 열흘이 지난 시점이었고 프랑스에서 스페인으로 넘어와 도착한 첫 도시였다. 보르도에서 저가 항공 비행기를 타고 세비야 공항에 도착한 뒤 버스를 이용해 시내에 들어와 내린 곳이 바로 여기, 산 세바스티안 거리였다.

4년 만에 산 세바스티안 거리에 다시 서자 실로 깊은 감회에 빠질 수밖에 없었다. 허니문의 여정에 오롯이 자리한 세비야! 공짜 타파스에 인심이 푸짐하던 세비야! 기대 이상의 숙소에 절로 감탄이 쏟아진 세비야! 4년간의 결혼 생활을 무사히 지속해 왔다는 것에 대한 경외감(이 문구가 결혼 생활에 타격을 줄지도 모르지만 작가의 자기 검열만큼 나쁜 건 없기에 그대로 두기로 한다)!

세비야는 언뜻 보기에도 풍족하고 여유가 넘친다. 유럽 3대 성당이라는 '세비야 대성당'이 있고 〈왕좌의 게임〉 촬영지로 유명한 '알 카사르'도 있으며 김태희가 플라멩코를 춘 '스페인 광장'도 있다. 고대부터 이슬람 시절을 거쳐 현대에 이르기까지 스페인 남부 안달루시아의 거점 도시였기에 역사와 관광의 중심지 그 자체다. 그리고 엄청나게 많은 관광객들이 도시 중심부를 장악한 채 정신을 놓게 만드는 경향이 있다. 4년 전에도 그랬는데, 그 와중에도 볼 건 다 보려고 아내와 열심히 관광을 다닌 기억이 있는 도시다.

하지만 이번은 아니다. 이번에 내가 세비야를 찾은 건 창작의 고립감과 고통에서부터 벗어나기 위함이고, 이 도시의 돈키호테와 세르반테스의 흔적을 찾아 집필의 새 기운을 얻기 위해서다. 나는 과감히, 다시 봐도 감탄을 머금을 게 분명한 대성당과 알 카사르를 건너뛴 채 스페인 광장을 향해 걸어갔다. 그곳에서 이전에 미처 발견하지 못했던 돈키호테의 흔적을 찾아야 한다.

더위와 햇살을 뚫고 마침내 당도한 스페인 광장은 여전히 관광객과 호객꾼, 플라멩코 공연자와 연주자, 구걸하는 집시와 개를 데리고 산책 나온 현지인 들로 가득했다. 무엇보다 화려한 복식을 갖춘 거인이 양팔을 벌린 듯 웅장하게 뻗은, 광장을 둘러싼 건물의 위용이 여전했다.

광장 건물 벽면에는 스페인 각지의 역사적 사건들이 타일 모자이크로 묘사돼 있는데, 나는 건물 한쪽 벽면에서부터 타일 모자이크를 살피며 길을 걷기 시작했다. 이곳에 오기 전 알아낸 바에 따르면 타일 모자이크는 구역별로 스페인 각 지역의 역사적 사건을 묘사하고 있다고 했다. 세비야, 말라가, 사라고사, 톨레도, 바르셀로나, 발렌시아, 그라나다 등 스페인 각 지방 도시 이름이 나올 때마다 나는 흠칫거리며 타일에 그려진 풍경을 살폈다. 전투 장면, 왕가의 행진, 다양한 축제, 지역 설화 등 각 지역을 대표하는 사건이 다채롭게 묘사되는 가운데, 마침내 내가 찾던 풍경이 등장했다.

바로 로시난테를 탄 돈키호테와 당나귀를 탄 산초 판사의 뒷모습이 보이고 멀리 라만차의 평원 위에 여러 대의 풍차가 서 있는 그림이었다. 갑옷을 입고 투구까지 쓴 돈키호테는 말 위에서 창을 들어 보이며 산초 판사에게 저 거인들을 보라고 가리키고 있었다. 나는 숨은 계시라도 찾을 기세로 타일 그림 속을 뚫어져라 살폈다.

타일 모자이크엔 시우다드 레알Ciudad Real이라는 라만차 지방 주요 도시 이름이 적혀 있었고 그림 왼쪽 아래 두루마리엔 "QVE YO VOY A ENTRAR CON ELLOS EN FIERA Y DESIGVAL BATALLA"라는 문구가 적혀 있었다.

오! 바로 이것이다. 이것이야말로 돈키호테를 찾는 내게 암호와도 같은 주문이 아닌가?

나는 서둘러 구글에서 그 문장을 검색했다. 그러자 구글은 "QUE YO VOY A ENTRAR CON ELLOS EN FI-ERA Y DESIGVAL BATALLA"로 찾겠다고 다시 제안했

다. 분명 QVE로 보였는데 QUE가 아무래도 맞는 듯했다. 타일 그림을 그린 자가 손이 곱아 U를 V로 잘못 썼거나 돈키호테 코드를 찾는 나를 방해하려는 자의 속셈이라고 여기며 구글 신의 제안대로 검색했다.

곧 돈키호테 관련 텍스트와 사진이 줄줄이 엮어 나오는 게 아닌가. 옳거니. 역시 특별한 문장이 틀림없다. 나는 이번에도 구글 신을 믿고 스페인어-한국어 번역을 돌렸다. 그러자 이러한 문장이 등장했다.

"내가 파이어와 데미지 배틀에서 그들과 함께 들어갈 것"

뭔가 굉장히 굉장한 게 나왔다! 이건 한국의 온라인 게임 홍보 광고에서 자주 보던 맹렬한 외침이 아니던가. 확실히 돈키호테는 고전 중의 고전답게 현대의 게임 세계에도 활발하게 그 영향력을 행사하고 있는 듯했다. 글귀를 그림과 함께 살피니 이 문장은 돈키호테가 풍차를 보고 거인으로 오인한 뒤 놈들에게 돌진하겠다고 외치는 구절로 유추됐다. 물론 스페인어 능력자에게 묻거나 돈키호테 원문을 찾아 번역본과 비교하면 정확한 내용을 파악할 수 있겠으나, 나는 번역마저 돈키호테스러운 '파이어와 데미지 배틀에서 그들과 함께 들어 갈 것'을 선택하기로 했다.

*

퀘스트를 수행하듯 타일 모자이크에서 셀카를 찍은 뒤 시내로 향했다. 관광지는 들르지 않겠다면서 시내로 향한 건 그곳에 세르반테스의 흉상이 있다는 첩보를 입수했기 때문이다. 타일 모자이크는 세비야에 온 목적의 전식에 불과하다. 본식은 바로 이번 세르반테스 흉상 알현이다.

마드리드 스페인 광장에서는 세르반테스 동상이 공사 천막에 둘러싸인지라 마주할 수 없었다. 대신 세르반테스 길 끝의 광장에서 간신히 그를 알현할 수 있었다. 그리고 여기 세비야에 그의 흉상이 있다는 첩보는 나를 세비야로 오게 만든 큰 동인이었다.

세르반테스는 한때 세비야에서 지내며 안달루시아 지방의 세금 징수원으로 일했다. 그러다가 공금을 횡령한 혐의로 감옥까지 가게 되는데, 그는 감옥에서 자신의 지난 삶을 돌아보며 필생의 역작을 구상한다. 바로

《돈키호테》다. 지금 내가 가서 알현하는 세르반테스 흉상이 위치한 곳은 과거 세르반테스가 갇혀 있었던 감옥 건물 바로 앞이다. 이 얼마나 신묘하고 영험한 곳인가. 나는 경건한 마음을 품고 개똥을 요리조리 피하며 시내로 발걸음을 옮겨 나갔다.

도착한 곳은 세비야 대성당에서 멀리 떨어지지 않은 골목이었다. 관광객 인파를 헤치고 대성당을 지나 쇼핑 거리에 다다른 뒤 구글 지도에서 확인한 골목으로 틀어 한 은행 건물 앞에 멈춰 섰다. 이 은행이 바로 4백 년 전 세르반테스가 갇혀 있던 감옥 건물이었다고 한다. 감옥이 은행이 됐다니, 마치 세르반테스의 영혼이 평생 없이 산 자신을 위해 은행 가까운 곳에 머무르고 싶었던 게 아닌가 싶었다.

나는 그를 찾아 은행 앞을 살폈고 곧 대로변에 자리한 세르반테스의 흉상이 눈에 들어왔다. 오! 이렇게나 빨리. 그런데 큰 기대를 품고 온 내 예상과 달리 주변은 소박하다 못해 썰렁하기까지 한 풍경이었다.

사람들은 무심히 흉상 앞을 지나고 있었다. 부근에는 개똥인지 오물인지 지저분한 게 널려 있었으며 관광객은커녕 노점 하나 없는, 그저 평범한 거리의 평범한 흉상이었다. 눈여겨보지 않으면 빌딩 옆에 구색 갖추기로 조각상 하나 세워 놓은 것으로 보였다. 순간 마음이 짠해진 나는 청동 세르반테스의 얼굴을 올려다봤다. 은행 앞에 있으면서도 여전히 없어 보이긴 마찬가지인 몰골이다. 더욱더 마음이 짠해지고 안타까움이 몰려옴에 사진을 찍을 엄두가 나지 않았다. 이걸 보려고 마드리드에서 여기까지 달려왔는데. 너무도 초라한 세르반테스의 흉상이 개똥을 옆에 두고 비둘기 똥을 맞은 채 딱히 누구의 관심도 받지 못하며 자신 대신 돈이 갇힌 은행이라는 감옥 앞에 서 있었다.

하지만 내가 왔다. 당신을 찾아 극동의 끝에서 유라시아 서쪽 끝에 자리한 이 도시까지. 그대는 결코 외롭지 않다. 그대의 업적이 이곳에서 잉태됐음을 나는 칭송하며 당신의 초라한 동상에 눈도장을 찍고 묵념을 하고 사진을 찍고 글을 남겨 기억할 것이다. 그러니 슬픈 눈으로 개똥을 내려다보지 말고 하늘의 별 속에 영원히 거하시라. 감옥에서조차 이룰 수 없는 꿈을 꾸고 죽어서도 다다를 수 없는 곳에 다다른 당신을 세상 모두가 기리고 있음을 잊지 마시라.

＊

세르반테스가 세비야에 머물던 시절은 그가 레판토 해전과 포로 생활이란 고초를 겪으며 오랜 시간을 해외에서 전전하고 귀국한 뒤였다. 그는 상이군인이었고 전쟁 포로였으며 한물간 소설가였다. 자신의 경력을 인정받아 정부 요인으로 신대륙에 가 일하고 싶었으나 고작 안달루시아 지방의 세금 징수원으로 고용됐을 따름이었다. 그리고 세금 징수원으로 일하며 세금을 맡겨둔 은행이 파산하는 바람에 횡령죄를 선고 받고 감옥까지 가야 했다. 나이는 이미 50대에 접어들었고 한쪽 팔은 성하지 않은 상태. 그 상태로 갇힌 감옥에서도 그는 꿈꿨다.

신대륙에 가는 꿈이 무너진 채 감옥에 갇혀야 했던 그는, 장애인이지 전과자에 불과한 늙은이인 그는, 그기 힐 수 있는 유일한 일을 꿈꿨다. 바로 이곳에서.

돈키호테가 잉태된 세비야 대성당 어느 뒷골목이야말로 내가 세르반테스와 돈키호테를 찾아 스페인에 온 뒤 가장 전율을 느낀 공간이었다. 나도 할 수 있을까? 소설가로 겪은 수많은 좌절, 아니 작가로 살며 쌓여 온

실패와 부침, 그 온갖 풍상을 이겨내고 세르반테스처럼 다시 꿈꿀 수 있을까?

그의 흉상에서 인자한 미소를 봤다면 착각일까? 그래도 된다고, 나의 존재 자체가 불가능한 꿈이라고, 다시 소설을 쓰는 걸 막을 자는 너 자신뿐이라고, 그러니 걱정 말고 웃으며 걸으라고. 소설가의 길을.

나는 그의 흉상에 한국식으로 크게 고개를 숙여 인사를 한 뒤 몸을 돌렸다. 어디로 가야 할지 알 수 없었으나 어떻게 해야 할지는 알 수 있었다. 그건 감옥에서도 꿈을 지켜낸 자의 영혼을 위해 건배하는 일이었다.●

●　　《나의 돈키호테》 386쪽 '마드리드의 레지던시에 입주해 있던 소설가의 기행문엔 이런 대목이 있었다'에 이 대목을 인용했다.

12
소설을 쓰며 품은 희망 두 가지

세르반테스 동상을 뒤로하고 접어든 뒷골목, 아무 야외 테이블에나 앉았다. 곧 구릿빛 피부의 종업원 사내가 다가왔다. 안달루시아 지방은 스페인에서도 무어인의 지배를 오래 받은 대표적인 곳이다. 그래서일까, 그에게도 무어인의 피가 흐르는지 아랍계 미남의 인상이 도드라져 보였다.

나는 메뉴판도 보지 않고 그에게 '까냐 삔따'와 '또르띠야'를 주문했고 그는 엄지를 들어 보이곤 돌아갔다. 까냐는 생맥주고 삔따는 영어로 파인트, 즉 큰 잔을 의미한다. 또르띠야는 이곳에 와서 하루에 한 번은 먹는 감자 오믈렛으로, 우리로 치면 계란말이 안주다. 이제 자주 먹는 음식의 주문은 스페인어로 곧잘 하게 됐고 이곳 사람들이 능숙한 영어 주문보다 서투른 스페인어 주문을 더 좋아한다는 것도 알게 됐다.

잠시 뒤 사내가 내려놓은 까냐 삔따를 집어 들며 자연스러운 미소로 "그라씨아스"라고 외치자 그가 나를 흥미롭게 바라보며 빠른 스페인어로 물었다. 전혀 알아들을 수 없었다. 그래서 "쏘리, 노 에스파뇰"이라 답해 '주문 스페인어'밖에 못한다는 걸 알리자, 사내는 고개를 끄덕인 뒤 짧은 단어로 이뤄진 영어 문장으로 내게 이것저것 물었다. 나 역시 영어로 짧게 답했다. 그는 처음엔 나와의 대화를 반겼으나 점점 황당해하다가 급기야 당황하기 시작했다. 내가 세비야에 와서 대성당도 알 카사르도 안 보고 세르반테스 동상만 봤다고 했기 때문이다. 대략 그와 나 사이에 오간 대화를 정리해 보면 아래와 같다.

"유 프롬?"

"꼬레아."

"오. 꼬레아."

"사우쓰."

"(눈웃음을 지으며) 메이비. 유 엔조이 세비야?"

"슈어."

"웨어 유⋯⋯?"

"파든?"

"웨어 유⋯⋯ (생각났다는 듯 좋아하며) 비지트? 까떼드
랄(대성당)? 알 카사르?"

"(맥주 한 잔 마시고) 아이 디든 비지트 데어."

"(특유의 과장된 제스처로 눈을 동그랗게 뜨고) 와이?"

"아이 비지트 온리 세르반테스 플레이스."

"(눈을 크게 뜨고) 세르반테스? 돈키호테? 웨어?"

"(세르반테스 동상이 있는 방향을 가리키며) 오버 데어. 더
스테처 오브 세르반테스. (그가 여전히 갸우뚱하기에 폰에서
세르반테스 동상을 찍은 사진을 보여 주며) 디스."

"(사진을 살피곤) 오. 아이 노우. 아이 노우. 소 유 나우
고 투 까떼드랄?"

"노. 아이 저스트 원 투 씨 세르반테스. 투모로우 모
닝 아이 리브 세비야."

"(어이없다는 듯 양팔을 뻗어 보이며) 와이? 세비야 이즈
빅 시티."

"(그가 황당해 하는 모습에 은근 재미를 느끼곤) 아이 엠 돈

키호테 매니악. 소 아이 온리 원트 투 씨 세르반테스. 댓츠 잇."

"(입술을 부르르거린 뒤) 유 크레이지."

"메이비."

"(돌아갔다가 또르띠야를 가지고 와 내려놓으며) 유 리얼리 온리 시 세르반테스 앤 고?"

"예스."

"왓 유 두……?"

"음…… (직업을 묻는 듯해) 아이 엠 노벨리스트."

"뻬르돈?"

"(소설가라는 단어를 어려워하는 듯해) 롸이터. 아이 롸이트 노벨 라이크 돈키호테."

"(그러자 입꼬리를 올리며) 오! 유 롸이터. 라이크 세르반테스."

"예스 유 나우 언더스탠드?"

"예스. 벗 유 스틸 크레이지."

"돈키호테 얼소 크레이지."

"(고개를 절레절레 흔들며) 예스 유 돈키호테. 엔조이."

"(몸 돌려 가는 그에게) 헤이. (그가 돌아보자) 모어 까냐. 뽀르 빠보르."

사내는 유쾌했고 나 역시 가벼운 흥분감을 느끼며 즉흥적으로 대화를 이끌었다. 외국어의 한계가 주는 여백은 오해를 야기하기도 하지만 때론 적당한 이해가 되기도 한다. 짓궂게도 그에게 4년 전 이곳에 왔었고 대성당과 알 카사르 모두 즐겁게 관광했다는 말은 하지 않았다. 덕분에 그로부터 돈키호테 같다는 찬사를 들을 수 있지 않았는가.

나는 세 잔의 까냐 쁜따를 비운 뒤 충분한 팁을 남기고 자리에서 일어났다.

*

슬슬 오후에서 저녁이 돼 가는 시간이었다. 충동적으로 온 탓에 부리나케 숙소를 알아봐야 했다. 에어비앤비는 대부분 만실이었고 호스텔도 평가가 좋지 못했다. 20대 배낭여행객 시절이라면 호스텔도 감지덕지겠지만 이제 40대 중반이다. 패기보다 체력 세이브가 중요한 시기다. 결국 세비야 시내를 한 시간 정도 헤맨 후에야 간신히 유럽 저가 체인 호텔의 방 하나를 얻을 수 있었다.

다행히 아직 햇살이 남아 있었다. 나는 성냥갑 같은

방에 짐을 두고 어둠이 이 도시를 잠식하기 전 산책에 나섰다. 행선지는 숙소를 찾아 헤매던 중 지나친 한 서점이었다. 이름도 기억나지 않는 그 서점은 메트로폴 파라솔 부근이었는데, 지나치며 슬쩍 엿본 것만으로도 무척이나 탐나는 공간이었다. 0층은 카페, 1, 2, 3층은 서점인 그곳은 세비야 시민들이 죽치고 앉아 커피를 마시며 수다 떠는 곳으로 보였고, 나는 서둘러 그 공간의 일원이 되고 싶었다.

도착해 보니 서점의 이름은 '혼돈의 서점LIBRERIA CAOTICA' 이었다. 카페 공간인 0층은 이미 손님들로 북적이고 있는지라 나는 맥주 한 병을 사 들고 1층으로 올라갔다.

그곳에 아담하고 아름다운 서가가 있었다.

책들 사이를 오가다 보면 마음이 차분해진다. 숲에서 피톤치드가 나오듯 나무로 만든 책에서도 피톤치드 비슷한 게 나와 내 몸을 편안하게 다스려 주는 것만 같다. 갑작스런 안달루시아 여정을 정리하기에도 최적의 공간이었다. 서가 사이에는 잠을 청해도 좋을 만한 푹신한 의자가 놓여 있었다. 나는 그곳에 앉아 맥주를 병째 홀짝이며 스페인어로 된 이야기 묶음들을 바라봤다. 점원 사내는 나를 보고도 투명 인간 대하듯 자기 일만 했

고, 이방인의 자세로 서가 사이 콕 박힌 나도 이루 평온
하지 않을 수 없었다.

한동안 책의 숲에서 평화를 만끽한 나는 남은 맥주를
비우고 일어났다. 그런데 계단으로 향하던 중 매대에
놓인, 동양 남자의 얼굴로 가득찬 책 표지를 목격하고
발걸음을 멈춰야 했다. 남자의 한쪽 눈에서는 피가 줄
줄 흘러내리고 있었다.

책의 제목은 《EL BUEN HIJO》. 그리고 제목 바로 아
래 적힌 저자의 이름은 'YOU-JEONG JEONG'이었다.

나는 반가운 친구를 만나자마자 손 내밀어 악수하듯
책을 집어 들었다. 정유정 작가님의 《종의 기원》 스페
인어판이었다. 이 책의 영문판 제목이 'A GOOD SON'
이라는 걸 알고 있었기에 스페인어 제목도 바로 이해할
수 있었다.

정유정 작가님의 작품들이 세계 여러 나라에 번역돼
인기를 끄는 것에 뿌듯함과 부러움이 일었다. 나 역시
스릴러 《파우스터》를 집필하며 정 작가님의 행보를 따
라가고 싶었기에 오묘한 기분이 들었다. 지난주 마드리
드 중심가의 프낙FNAC에서 김언수 작가님의 《설계자들》
영문판을 목격했을 때와 비슷한 감정이었다. 마음이 훈

훈해지다 못해 이국의 전장에서 전우를 만난 기분인 것
이다.

*

소설을 쓰며 두 가지 희망을 품은 바 있다. 하나는 어느
나라든 좋으니 내 책이 번역돼 그 나라 서점에 진열된
장면을 목격하는 것, 다른 하나는 어느 매체든 좋으니
내 책을 원작으로 만들어진 작품을 감상하는 것이었다.
《망원동 브라더스》가 연극으로 대학로 무대에 오르면
서 두 번째 희망은 이룬 셈이 됐다. 반면 해외에 판권이
팔려 외국 서점에 내 책이 자리한 모습을 목격하는 건
여전히 요원한 일이었다.

　따뜻한 휴먼 터치의 작품만 쓰던 내가 스릴러 소설
《파우스터》를 쓰게 된 것도 해외 시장 도전에 관심이
있었기 때문이다. 스릴러 장르는 정서와 문체보다는 플
롯과 장치가 중요하기에, 또한 나라별 취향을 덜 타기
에 해외 진출이 유리할 거라고 여겼다. 또한 몇 해 전부
터 김언수 작가님과 정유정 작가님, 서미애 작가님의
작품이 'K-스릴러'라는 칭호를 달고 해외에서 그 영토

를 넓혀 가고 있었기에 용기를 낼 수 있었다.

　마드리드에 오기 전 《파우스터》의 편집자는 해외에 한국 소설을 가장 많이 소개해 온 KL 매니지먼트의 이구용 대표님에게 해외 판매 건을 의뢰해 보겠다는 말을 전했다. 나는 반드시 성사시켜 줄 것을 부탁드렸다. KL 매니지먼트는 신경숙 작가님의 《엄마를 부탁해》부터 한강 작가님, 김언수 작가님의 책을 해외에 소개한, 명실상부한 한국 소설 판매 전문 에이전시였다. 한국에서 주목받지 못한 영화가 해외 영화제에서 수상한 뒤 이름값을 얻어 역수입되듯, 《파우스터》가 해외에서라도 인정받아 국내에서 재조명되기를 나는 희망했다.

　이른바 안간힘이다. 내 책을 해외에 출간하고 싶어 1) 스릴러 장르에 도전했다. 2) 한국에서 히트를 치지 못하니 해외에도 소개하기가 쉽지 않다. 3) 그럼에도 내 책이 해외에서 통할 거라고 여겨줄, 영향력 있는 에이전시를 컨택하자. 4) 에이전시가 관심을 가지면 어떤 조건이라도 응해 해외에 내 책이 출간될 수 있게 하자. 5) 만약 해외 출판사와 계약이 성사된다면, 뭐든 도울 것이다. 현지 출간 시에는 자비로라도 방문해 프로모션에 참여할 의향도 있다. 외국 어느 도시의 서점에 내 책이 자리하고 있는 모습을 볼 수만 있다면, 그 안간힘은 내게 행복을 가져다줄 것이다.

오늘은 세비야의 작은 서점 좋은 자리에 놓인 정 작가님의 작품을 발견한 것으로 대리 만족하지만, 언젠가의 방문길엔 나의 소설이 이곳에 놓여 있기를 갈망하며 서점을 나섰다.

밖으로 나오니 세비야에도 밤이 찾아왔다. 나는 지친 몸을 이끌고 숙소로 돌아왔다. 작은 방에 몸을 누이니 마치 감옥 같다. 그렇게 70유로짜리 하루치 감옥을 대여한 채 세비야의 감옥에서 《돈키호테》를 구상하는 세르반테스를 상상했다. 시공간을 넘어 그가 꿈꾸던 일들이 내가 꿈꾸던 일들과 같다는 것, 그리고 그걸 찾아 무작정 돌아다녔다는 것에, 그 길고 긴 집필 방랑을 떠올리며 나도 모르게 짧은 탄식을 내뱉었다.

세비야의 감옥에서 출소한 뒤 세르반테스는 마드리드로 간다. 그리고 마드리드에서 본격적으로 《돈키호테》를 집필하게 된다. 나 역시 내일 마드리드로 돌아간다. 그리고 뭐라도 쓰겠지. 그처럼 나도 소설가이기 때문이다. 숙명, 쓰는 자의 숙명을 믿으며 나는 스스로를 가뒀다. 에어컨이 나오는 감옥은 서늘했고, 꿈꾸기에 좋았다.

✳

후일담을 더하면 KL 매니지먼트 이구용 대표님은 《파우스터》에 관심을 보였고 2020년 작품을 독일의 한 출판사에 소개했다. 그리하여 2021년 가을, 독일 Europa Verlag 출판사에서 출간되기에 이른다.

《파우스터》는 그렇게 해외에서 출간된 나의 첫 소설이 돼 줬다. 물론 독일에서 베스트셀러가 됐다거나 한국에서 역주행 붐이 일거나 하는 드라마틱한 변화는 일어나지 않았다. 하지만 나는 간절히 원하던 내 소설의 첫 해외판을 손에 쥐었고, 그 두툼한 독일 책의 질감을 느끼며 '인간은 노력하는 한 방황한다'던 《파우스터》속 괴테의 목소리를 들을 수 있었다.

그리고 1년 뒤 2022년부터 《불편한 편의점》이 다수의 해외 출판사에서 출간되기 시작했다. 그러나 그 물꼬를 튼 건 독일에서 출간된, 사람이 많이 죽고 긴장감이 넘치며 놀라운 반전도 있는 두껍기 그지없는 나의 첫 스릴러 소설이다.

13
이야기의 유통기한

돌아온 마드리드는 변하지 않는 풍경화처럼 내 앞에 있었고 나는 다시 이곳에 안착했다. 남부 지방에서 뜨거운 햇살을 맞으며 올라와 이곳은 좀 가을 느낌이려니 했으나 웬걸, 짱짱한 햇살이 건재한 마드리드였다. 아침저녁 일교차가 있지만 한낮의 열기는 여전히 이 도시를 화끈하게 만들고 있었고 거리 곳곳에 보이는 화염처럼 노랗고 붉은 스페인 국기는 그 열기를 상징하는 듯했다.

레지던시 숙소는 깨끗이 청소돼 이 도시에 준비된 나만의 공간이 있음을 느끼게 해 줬고, 자리를 비워도 상관없이 잘 돌아가는 대도시의 일상은 이방인의 마음을 느긋하게 만들어 줬다.

이방인. 이 도시의 이방인이자 레지던시의 게스트로서 오직 숙소만이 내 존재를 기억해 주고 있었다. 하지만 그것도 잠시, 밀린 빨래를 하러 가다 복도에서 식당지배인 호세를 마주쳤고 그는 반가운 얼굴로 너 어제 저녁에 왜 밥 먹으러 안 왔냐고 물어 왔다. 세비야로 잠깐 여행을 다녀왔다는 말을 마치기도 전에 그는 알겠다는 듯 고개를 끄덕대며 이따 저녁 꼭 먹으러 오라고 한 뒤 유유히 사라졌다. 역시 밥 주는 사람은 밥 먹는 사람을 기억하는구나. 그의 환대에 빨래를 돌리다 미소가 지어졌다.

처음에 스페인어 메뉴판을 보고 주문도 잘못해 토끼고기를 엉거주춤 먹었고 호세는 그런 날 안쓰러운 듯 바라봤다. 어느 날 그날의 메뉴를 공부해 스페인어로 주문하자, 그는 마치 시험에 통과한 학생을 보듯 뿌듯해했다. 소통의 단계를 거치자 그는 내 존재를 기억하고, 부재를 신경 쓰고, 재회를 반겼다. 관계란 역시 진득한 주고받음이 오가야 한다는 것, 서로의 말과 행동을 조금씩 씹어 봐야 진심을 맛볼 수 있다는 것. 그 사실을 만끽하며 빨래방에서 호세의 웃음을 따라 해 본다.

어느덧 이곳에 온 지도 한 달이다. 해가 뜨는 여덟 시쯤 일어나 동네를 러닝한다. 샤워 후 토마토 바른 빵에 올리브 오일을 뿌리고 치즈를 얹어 아침을 먹는다. 한국문화원에서 새로 빌려 온 《돈키호테》를 읽은 뒤 노트북을 켜고 밀린 메일을 확인한다. 이곳은 오전이지만 한국은 일곱 시간 빠르므로 일과가 끝나는 시간이다. 앞서 흘러간 한국의 일상을 살피며 한국에서 보내온 메일을 확인하는 것으로 이곳에서의 일곱 시간 늦은 일과를 시작한다. 답신을 보내고 한심한 뉴스에 한숨도 쉬고 SNS에 올라온 지인들의 근황에 미소도 머금다 보면 점심이 된다.

점심은 1식, 2식, 후식이 모두 제공된다. 식사 당 메뉴도 두 개 중 고를 수 있고 음료도 한 잔은 무료다. 한국에서 1일 1식 혹은 1.5식을 하던 나로선 부담스러운 식사지만, 과분한 대접을 사양하지 않고 먹는다. 상당히 배가 부르다. 와인도 한 잔 곁들이니 오후 해가 뱃속에 들어찬 듯 따뜻하다.

소화를 시키려 레지던시 정원을 산책하고 숙소로 돌

아와 본격적인 집필을 해 보려 한다. 해 보려 한다. 졸린다. 점심 정찬은 역시 과하다. 잠시 눈을 붙이고 나온다. 걷는다. 마라톤 광장을 지나 다음 지하철역까지 산책을 하며 머릿속에서 이야기를 써 본다. 내 글쓰기의 8할은 산책이다. 계속되는 발걸음을 활동 에너지 삼아 이야기라는 빵을 구워 나간다. 조금씩, 아주 조금씩.

건널목에서 신호를 기다리는데 보행 신호로 바뀌자마자 갑자기 젊은 여자 둘이 건널목으로 뛰쳐나간다. 나는 멍하니 서서 본다. 두 여자는 잽싸게 양손에 쥔 곤봉을 저글링하며 신호 대기 중인 차들을 상대로 즉석 공연을 펼친다. 스페인의 손연재인가, 곡예단 출신 집시들인가. 곤봉을 머리와 다리 사이로 잘도 넘기는 모습에 절로 감탄이 나온다. 마지막에 두 사람이 서로 곤봉을 주고받는 사이 보행 신호가 끝날 기세다. 곤봉이 떨어질까 마음 졸이는 게 아니라 신호가 바뀌어 저들이 차에 치일까 긴장된다. 그럼에도 가뿐하게 서로의 곤봉을 던져 돌려주고는, 신호가 바뀌자 둘은 차들을 향해 서둘러 다가간다.

두 여인은 출발하려는 차들 사이를 역으로 거슬러 가며 동전 지갑을 흔든다. 나도 관람료를 지불하고 싶지만, 건너편 차도인지라 미처 그럴 수 없다. 두 광대는 동전을 많이 얻지 못한 채 차량의 흐름 속에서 위태롭게 반대편 인도로 사라진다. 이곳은 관광지도 아니고 평범한 동네 6차선 도로일 뿐인데⋯⋯. 이런 멋진 광경을 목격하다니. 나는 번개같이 펼쳐진 판타스틱한 공연에 어안이 벙벙하다.

'건널목 공연'의 잔상을 즐기며 다시 거리를 걷는다. 가만, 어디까지 작품 구상을 했더라? 기억은 그녀들의 곤봉과 함께 빙글빙글 돌며 흩뿌려진다. 그래도 나는 기분이 좋아 거리를 계속 걷는다. 등에 땀이 송골송골 맺히는 게 느껴지니, 이제 돌아갈 시간이다. 왔던 길을 되돌아간다. 여행 중일 땐 늘 새 길을 찾아 걷는다. 하나라도 더 새로운 걸 보려고 웬만하면 같은 길로 돌아가지 않는다. 하지만 작품을 구상하며 걸을 때는 익숙한 길이 좋다. 길을 살피고 찾는 행위를 지우고 익숙한 길을 자동 항법처럼 무의식으로 걸으며 상상의 비행을 해야 하기 때문이다.

숙소로 돌아와 피로해진 몸을 침대에 누인다. 한 시간 남짓 시에스타를 즐기고 한바탕 샤워로 정신을 깨운 뒤 다시 노트북을 켠다. 하지만 아직 정리할 정도의 아이디어는 가공되지 않았다. 결국 자판에 손을 대고는 멍하니 있다가 다시 침대에 몸을 부린다. 누워서 빈둥대는 듯하지만 이게 다 머리를 굴리는 창작 행위라고 자부해 본다. "글쓰기는 훌륭한 알리바이를 제공하며, 작가란 하루 종일 침대에 누워 있으면서도 '나는 일을 한다'고 말할 수 있는 유일한 직업"이라던 어느 소설의 대목을 떠올려 본다.*

아무렴. 누워서 작품 구상에 열중하다 보니 열이 난다. 뭔가 시원한 게 떠오르고 냉장고에 넣어 둔 까바 와인이 충분히 시원해졌을까 궁금하고 하몽은(그 짠 게 절대 그럴 리 없지만) 혹시 너무 방치해 상하지 않을까 걱정이다.

침대에서 일어나 냉장고를 연다. 까바는 너무 시원해도 안 된다. 적당하니 좋군. 하몽도 더 놔둬 봐야 좋을 게 없다. 한 입 맛보니 짭쪼롬하고 꾸덕한 게 딱이다. 그리하여 까바를 마시고 하몽을 씹는 걸로 저녁을 대신하기로 한다.

혼술을 하려니 어쩔 수 없이 곤궁해 노트북으로 한국

* 《앙리 픽 미스터리》, 다비드 포앙키노스 지음, 이재익 옮김, 달콤한책.

의 뉴스를 접한다. 정말이지 한국의 뉴스만큼 재미있는 게 없다. 법무부 장관 임명 건을 두고 난리도 아니고 그 와중에 경기 남부 연쇄살인범의 정체가 밝혀졌다. 백종원은 여전히 골목의 식당들을 순시 중이고 송가인은 무슨 노래를 불러도 맛깔나기 그지없다.

그리고 나의 팀 두산 베어스가 정규 시즌 우승을 해 버렸다. 사실 올 시즌은 포기하고 홀가분하게 마드리드에 왔는데······. 뜬금포 우승이라니, 그것도 마지막 날 극적 우승 확정이라니! 감탄과 푸념이 동시에 올라온다. 올해도 '가을야구'를 해 버리면 마드리드에서 가을을 보내는 나는 어쩌란 말이냐, 나는 행복한 투정을 부리며 두산 베어스의 우승에 독작으로 축배를 올린다.

그때 카톡이 온다.

두산 우승 축하. 하지만 코시*에서는 쉽지 않을 듯.

한참 새벽인 한국에서 이 시간에 카톡을 보낼 사람,

•   코리안 시리즈. 프로 야구 포스트 시즌의 우승팀을 가리는 한국 시리즈의 다른 표현.

단 한 명뿐이다.

그는 이른 퇴직 후 현재 편의점에서 야간 알바를 하는 친구다. 어린 시절 교회에서 만난 그는 낡고 오래됐지만 너무나 편해 버릴 수 없는 애착 점퍼 같다. 마음 편한 자리에 나갈 때면 찾아 입게 되는 점퍼처럼 아무 말도, 아무 이해도 필요 없는 친구 말이다.

그런 우리 사이에 실랑이라고는 단 하나, 야구다. 엘지 팬인 녀석과는 카톡으로 자주 설전을 벌이곤 한다. 우리는 상대 팀 선수와 플레이를 논하는 것만으로도 온종일 수다를 떨 수 있는 라이벌이다.

나는 축하하려면 뒷말은 빼라고 응수한다. 녀석은 코시에서 올라온 팀에게 깨지면 그게 무슨 망신이냐고 답한다. 나는 엘지는 올라오지도 못할 테니 꿈도 꾸지 말라고 다시 답한다. 남들이 보면 초등학생 싸움이라고 할 만한 대화가 몇 번 더 오가고 나서야 밤의 편의점 지킴이 생활은 좀 괜찮냐고 묻는다.

친구는 심심하다고, 쓸쓸하다고 답한 뒤 편의점 소설은 잘 쓰고 있냐고 묻는다. 나는 그 소설은 조금 쓰다 말았고 지금 여기엔 돈키호테에 대한 소설을 쓰러 온 거라고, 기억 안 나냐고 되묻는다. 친구는 내 편의점 소설에 자신의 에피소드가 반영되길 바라는 마음에 돈키호테 소설을 쓴다던 걸 깜빡했다고 답한다. 나는 언젠가 편의점에 관한 소설을 쓰게 되면 반드시 반영할 테니 걱정하지 말라고 답한 뒤 진심을 담아 덧붙인다.

- 새벽에 고생이 많네.
- 자네가 한국에 있어 코시를 같이 봤으면 좋았을 텐데. 엘지 대 두산 경기 말이야.
- 엘지는 올라오지도 못할 거고 혹 올라와도 개박살 날 테니 꿈 깨시게 친구.
- 지금 두산을 이길 팀은 엘지밖에 없다. 두산은 엘지만 만나면 얼어붙으니까.
- 엘지야말로 진짜 라이벌인 롯데나 넥센이랑 놀아라. 이제 더 이상 두산 왕조의 라이벌은 엘지가 될 수 없다.
- 잠실 야구장에 세 들어 살면서 오만방자하구나. 야구는 너네가 잘해도 팬은 우리가 더 많다는 걸 잊지 마라. 잠실의 주인은 엘지다.

그리하여 둘은 탁구공 왔다 갔다 하듯 야구 수다를

재개한다. 마침 우리에게 실없는 농담이 필요한 시간이다. 그도 나도 외롭다. 남양주 편의점의 야간 알바와 마드리드 작업실의 이방인 작가는 그렇게 시간을 때우며 외로움을 달랜다.

친구와 카톡을 마치고 노트북을 닫는다.

스페인에 오기 전 토지문학관에서 조금 쓰다 만 편의점에 관한 소설에 대해 생각한다. 그 작품을 다시 쓸 기회가 있을지 모르겠다고 느낀다. 이제 돈키호테에 대해 쓰고자 마음먹었고, 마드리드까지 와서 끙끙대며 집필을 준비 중인 이 소설은 완성까지 빨라도 3년은 걸릴 것이다.

'한국판 돈키호테'를 출간한 뒤엔 '편의점 소설'을 쓸 마음이 생길까? 그때쯤이면 소재의 신선함도 떨어지고 집필에 대한 흥미도 떨어질 텐데, 그걸 극복하고 쓸 만한 매력을 과연 발견할 수 있을지 모르겠다. 작가의 시간은 유한하고 작품의 아이템은 그 시간을 버틸 매력을 뿜어 줘야 하는데, 부디 편의점 소설의 유통기한이 남아 있길. 내 창작의 창고에서 반품이나 폐기 처리 되지 않길 바랄 따름이다.

마드리드에 칩거한 고독한 한국 작가의 일상이 이렇

게 마무리된다. 오늘도 한 줄을 못 썼다. 그러나 쓰려고
애쓰며 하루 몫의 삶을 충실히 살아 냈다. 침대에 누우
며 내일은 한 줄이라도 써야 한다는 적당한 강박을 느
낀다. 정상이다. 글쓰기의 강박이 없는 작가는 아무것
도 아니다. 내일 아침엔 집필 강박과 숙취가 잘 버무려
진 채로 하루가 또 시작되겠지. 다행히 내일의 태양은
떠오른다. 세계 어느 곳보다 강렬하게. 이곳은 태양의
나라 스페인이고, 태양의 광장을 품고 있는 마드리드
니까.

IV.

영화관, 미술관 그리고 대학교

14

우리에게 플랜 B가 필요한 이유

마침내 《돈키호테》를 다시 한 번 완독했다. 지난 8월 원주 토지문학관의 녹음 속에서 책으로 돈키호테를 만나며 상상한 공간이 아니라, 그 공간이 실제로 펼쳐진 이베리아 반도의 햇살 아래 《돈키호테》를 읽으니 이야기가 피부에 와닿는 듯 실감 났다. 그럴 때마다 나만의 돈키호테와 산초가 수시로 마드리드 거리에 출몰했다.

마드리드 시내. 21세기의 돈키호테, 그는 현재 관광지를 도는 마차를 모는 늙은 마부다. 그의 말 로시난테는 늙고 지쳐 마차에 탄 덩치 큰 독일 관광객을 버거워하며 분수처럼 콧김을 뿜어 대고 있다. 하지만 돈키호테는 여비를 벌어야 해서 혹독하게 로시난테를 부린다. 돈이란 자신을 무력화시키는 거인들의 도구지만, 그 역시 돈이 있어야 모험을 준비할 수 있다는 게 삶의 아이러니다. 그는 오늘도 풍차 같은 대형 빌딩이 즐비한 그랑 비아 거리를 지나며 이를 악문다. 지금은 거인들과 싸울 때가 아니다. 지금은 때가 아니다. 그 옛날처럼 무턱대고 풍차를 들이받을 순 없는 것이다.

집으로 돌아가는 길에 돈키호테는 보데가Bodega•에 들른다. 보데가 주인 산초 판사는 이 늙고 지친 영감이 오늘은 꼬장을 부리지 않길 바라며 건성으로 눈인사한다. 돈키호테는 술이 약해져 겨우 띤또 데 베라노Tinto de verano•• 한 잔을 시키고 타파스로 나온 올리브를 주섬주섬 씹는다. 고향 알칼라 데 에나레스의 아몬드가 박힌 달콤한 뚜론Turron•••이 먹고 싶어지는 돈키호테. 산초에게 뚜론을 내오라고 하지만 무시당한다. 산초는 여기는 술집이고 달콤한 걸 원하면 엘 꼬르떼 잉글레스 백화점

•　　　스페인의 작은 술집.
••　　스페인에서 여름에 시원하게 즐기는 와인 칵테일.
•••　땅콩, 아몬드, 마카다미아 등에 꿀을 넣어 굳힌 캐러멜 과자로 스페인의 전통 당과류.

지하에나 가라고 핀잔을 준다. 이에 돈키호테는 동문서답하듯 산초에게 대체 언제 가게를 접고 모험에 동참할 거냐고 닦달한다. 산초는 가게 빚을 갚을 돈을 내면 고려해 보겠다고 답하고, 돈키호테는 남은 잔을 비우고 끙 소리를 내며 일어선다. 보데가를 나가는 돈키호테를 다른 손님들이 안쓰럽게 바라본다. 산초가 고개를 저으며 말한다. 둘세Dolce•에 너무 빠져서 문제예요. 당뇨가 온 거 같아.

돈키호테는 골목길을 걸어 광장에 다다른다. 광장 너머에 보이는 잉글레스 백화점. 그곳에 둘세가 있다. 둘세를 먹으면 둘시네아 생각이 날 것이다. 둘시네아를 떠올리면 돈키호테는 이 고통을 견딜 수 있을 것 같다. 하지만 그는 잉글레스로 향하던 발걸음을 돌려 누추한 임대 숙소로 향한다. 이 무참함을 견디고 기사도 정신을 되살리는 전투를 하기 위해선 시간이 필요하다. 21세기가 열렸음에도 회복되지 않는 정의를 위해 그는 오늘도 둘세 대신 쓰디쓴 웅담을 입에 물어야 한다.

•   단음식.

책을 읽고 마드리드 거리를 정처 없이 헤매다 술집에 들어서면 이런 상상이 두서없이 떠오른다. 나는 까냐에 올리브유를 뿌린 살치촌Salchichón*을 뜯으며 머릿속의 돈키호테가 서울 거리에 등장하는 모습도 상상해 본다.

지금 나는 어떻게든 돈키호테를 한국으로 소환하는 게 목표다. 하지만 마드리드 거리를 추적추적 걸어가는 돈키호테의 뒷모습은 보이는데 그가 서울에만 가면 황학동 골목에서 골동품 요강을 투구로 착각해 뒤집어쓰고 있는 모습이 떠오를 뿐이다. 작품을 구상한다는 건 창작에서 가장 힘든 지점이기도 하지만, 한편으로 끊임없이 상상의 연료를 넣어 이야기의 최초 형상을 익혀 나가는 재미가 쏠쏠한 부분이기도 하다.

그때 카톡 알림이 울렸다. 편의점 친구가 보내기엔 조금 이른 시간이다. 예상과 달리 카톡은 마드리드 한국문화원 주무관으로부터 온 링크였다. 링크를 들어가 보니 대략 이런 내용이었다.

* 스페인의 염장 건조 소시지.

스페인에 우리 영화를 꾸준히 소개해 온 '스페인 한국 영화제'가 마드리드에 있는 극장과 주스페인 한국 문화원에서 열립니다. 올해로 12회를 맞은 영화제에서는 한국 영화 탄생 100주년을 기념해 '세계 3대 국제영화제 여우주연상' 특별 세션이 마련됩니다. 칸과 베를린·베니스 영화제에서 여우주연상을 받은 〈밀양〉(감독 이창동), 〈밤의 해변에서 혼자〉(감독 홍상수), 〈씨받이〉(감독 임권택)가 상영될 예정입니다. 그리고 '스릴러', '천만 관객', '남북관계'라는 키워드 세 가지로 선정된 우리 영화 아홉 편이 스페인 관객들을 만납니다.

'스페인 한국 영화제' 개막작으로는 김용화 감독의 〈신과 함께-죄와 벌〉이 선정됐고, 봉준호 감독의 〈괴물〉을 포함해 〈마녀 1〉(감독 박훈정), 〈공작〉(감독 윤종빈), 〈스윙키즈〉(감독 강형철) 등이 상영됩니다. 스페인에선 지난달 25일 개봉한 영화 〈기생충〉이 호평을 받으면서 한국 영화에 대한 관객들의 기대감이 그 어느 때보다 높습니다.

스페인 한국 영화제라니. 이곳에 온 뒤 두 달 동안 한국 영화는커녕 극장 문턱에도 못 간 내게 이 정보는 흥미롭기 그지없어 한국 영화제가 아니라 파푸아뉴기니 영화제라도 참석할 판이다. 주무관은 뒤이어 영화제 개막일에 개막작을 보러 와 줬으면 한다는 초대 의사를 밝혔다. 오, 이렇게 감사할 데가.

개막작을 살펴보니 김용화 감독님의 〈신과 함께〉였다. 음. 머나먼 객지에서 이렇게 다시 감독님을 만나게 되다니……. 감회가 새롭고 기분이 묘했다.

2009년, 그러니까 정확히 10년 전 나는 김용화 감독님의 작가 팀에서 일했다. 〈국가대표〉의 엄청난 흥행 후 새 작품을 준비하며 감독님은 작가 팀을 꾸렸고, 세 명의 작가 중 한 명으로 나를 선택했다. 이는 생계형 작가로 전전긍긍하던 내게 단비와도 같은 자리였고, 쓰는 족족 거절되던 시나리오 작가 시절 이룬 최초의 성취였다.

＊

2007년 전업 작가가 되겠다고 잘 다니던 출판사를 때려치우고 나온 나는, 필사적으로 시나리오를 써서 팔고, 팔린 시나리오가 영화로 완성돼 흥행하는 꿈을 꿨다. 한편으로 남는 시간에 소설을 써서 소설가가 돼 보겠다는 복안도 있었다. 그러니까 플랜 A는 시나리오 작가로 대박이 나는 것이고, 혹시라도 잘 안 풀리면 소설가라는 플랜 B도 갖춰둔 셈이었다.

하지만 '신을 웃기려면 네가 세운 계획을 신에게 이야기하면 된다'던 유대인 속담처럼, 인간의 계획이란 건 허망하기 그지없는 경우가 많다. 요컨대 나는 죽이는 시나리오를 쓰면 어떻게든 유력한 영화 관계자에게 간택되고 영화로 만들어질 수 있다고 확신했지만, 막상 부딪힌 영화계의 현실은 달랐다. 영화 관계자, 그러니까 제대로 된 제작자와 감독, 배우와 투자자에게 시나리오를 건네는 것조차 어려운 일이었다. 한편으로 무명작가의 시나리오를 노리는 얼치기 프로듀서와 양아치 제작자도 공존하는 생태계인지라 내 시나리오는 그들에게 무료로 간택돼 이리 치이고 저리 치이다 오물을 뒤집어쓰고 토해지곤 했다.

1년 동안 안 팔리는 시나리오를 쓰며 퇴직금을 다 날린 나는 이후로 대필 알바, 편집 알바, 윤문 알바를 하는 '글품팔이' 신세가 됐다. 참, 팔린 시나리오를 하나 쓰긴 했다. '도솔산 전투 승전 기념 해병대 행사 시나리오'로,

짧은 작업 기간에 비해 괜찮은 고료였다. 나는 해병대 정신에 심취한 채 역사적인 승전보 행사의 시나리오를 써 제출했고 무사히 잔금을 수령했다.

플랜 B는 가동했냐고? 물론이다. 장편소설 하나를 뚝딱 써 1년간 대한민국의 모든 장편소설 공모전에 응모했다. 한겨레 문학상, 중앙 장편문학상, 문학동네 소설상, 창비 장편소설상, 세계문학상……. 결과에 대해선 입을 다물도록 하겠다.

어느덧 나이는 30대 중반을 지나고 있었다. 잘 다니던 출판사를 제 발로 그만두고 수년간 생고생을 하다 보니 어쩔 수 없이 좌절에 빠져 지내야 했다. 매달 카드 값을 메꾸기 힘들어 삶이 피폐해졌고 플랜 G를 가동해야 하나 심각하게 고민해야 했다(플랜 G: Give Up).

그즈음 필름메이커스• 구인란에서 '〈국가대표〉 김용화 감독님의 차기작 작가 팀을 모집합니다'라는 공고를 발견했고, 그동안 쓴 시나리오 중 가장 똘똘한 녀석을 지원 메일에 첨부해 보냈다. 얼마 뒤 감독님과 면접을 보고 작가팀의 일원으로 뽑힐 수 있었다.

•   www.filmmakers.co.kr. 한국 영화계의 대표적인 구인구직 사이트.

이후 나는 실력 있는 팀원들과 함께 감독님의 차기작 시나리오를 개발하며 많은 걸 배웠다. 그야말로 공부하며 일한 셈이었다. 무엇보다 영화 시나리오는 혼자 쓰는 게 아니란 사실을 배웠다. 이 말을 문자 그대로 해석하지 말기 바란다. 기본적으로 시나리오는 혼자 쓴다. 하지만 그 시나리오를 함께 개발하는 사람들이 필요하다는 걸 강조한 표현이다.

시나리오가 영화가 되려면 당신의 시나리오를 살펴봐 주고 유의미한 피드백을 해 줄 실력 있는 프로듀서와 제작자가 필요하다. 그렇게 해서 완성된 시나리오를 연출할 감독이 있어야 하고, 이러한 시나리오+감독을 보고 캐스팅에 응할 배우가 있어야 한다. 자본은, 투자자는 바로 이 조합(시나리오+감독+배우)을 보고 투자를 결정한다. 이 조합을 우리는 '패키지'라고 부른다.

막연히 혼자 시나리오를 쓴다는 건 이 패키지까지 가는 데 너무나 많은 허들이 있다는 뜻이다. 전업 후 2년 동안의 내가 그랬다. 하지만 김용화 감독님 팀에 합류하고 나니 패키지가 이미 완성돼 있는 게 아닌가? 감독님의 작가 팀이니 감독은 이미 정해져 있고, 현재 가장 핫한 감독님이기에 (투자를 끌어오기 좋은)주연급 배우들이 같이 일하려고 줄을 선 상태다. 그러니까 이미 완성된 패키지 안에서 나는 동료 작가들과 시나리오만 잘 쓰면 되는 것이었다.

그러므로 시나리오는 혼자 쓰지만 혼자 쓰는 게 아니었다. 팀에 합류한 뒤에야 나는 그 사실을 깨달았고, 그제야 영화 산업 안에 한발을 들여놓은 기분이 들었다.

하지만 허들은 여전히 존재하고 바는 점점 높아진다는 것도 그때 깨닫게 됐다.

김용화 감독님 작가 팀으로 계속 활동했다면 내가 참여했을지도 모를 〈신과 함께〉를 여기 마드리드에서 다시 볼 기회가 오다니, 기분이 묘하지 않을 수 없었다. 나는 흔쾌히 초대에 응하겠다 답했다.

*

개막식 당일. 마라톤 광장에서 147번 버스를 탔다. 외국에서 지하철이 아닌 버스를 타게 되면 현지인에 한발 다가가는 건데, 이제 지하철은 특별한 경우 아닌 이상 타지 않을 정도로 버스가 편해졌다. 147번은 내가 좋아하는 마드리드 거리를 차례로 거쳐 종점인 까야오 광장에 나를 내려 줬다.

스페인 한국 영화제 개막식이 열리는 곳은 팔라시오
데 라 프렌사 극장Palacio de la Prensa이었다. 까야오 광장을
중심으로 극장들이 늘어선 이곳은 흔히 '마드리드의 타
임스퀘어'라 불리지만 나는 명보 극장, 스카라 극장, 국
도 극장에 둘러싸인 충무로 어디쯤으로 느껴진다.

극장 앞에 오자 한국문화원 직원으로 보이는 분들이
여럿 서 있다. 그중 몇이 나를 발견하고 반갑게 먼저 인
사를 건넸다. 리셉션의 스페인 청년은 나를 보고 "올라!
께 딸?"을 연발하며 양손을 벌린다. 객지 생활 두 달 차
인 내가 더 사람에 고픈데, 이 친구가 더 반가워해 주
는 통에 한국 못지않은 스페인 사람의 정을 다시금 느
꼈다.

나는 그와 포옹을 나눈 뒤 "〈신과 함께〉 볼 거지?"라
고 물었다. 그는 개막 행사 진행 후 퇴근해야 한다며 나
중에 보겠단다. 이런. 그는 한국 사람 같은 정은 넘쳤지
만 일과 생활을 칼같이 분리하는 서양식 사고 역시 투
철한 친구였다. 뒤이어 다가온 나예원 주무관이 내게
표를 건네줬다. 나는 초대해 줘 감사하다는 인사를 건
네고 스페인에 온 후 처음으로 극장에 들어섰다.

프렌사 극장은 영화 전용 극장이 아닌 연극과 오페라 공연장으로 사용되던 곳이어서인지 층고가 높았고, 고전적인 인테리어가 돋보였다. 개막작답게 만석이었는데, 몇몇 한국 관계자들 외엔 현지인들로 객석이 가득 차 있었다.

나는 커다란 팝콘을 든 채 한국의 블록버스터 영화를 만끽하려는 스페인 커플 옆에 앉아 그들의 입에서 팝콘과 웃음이 터지는 소리를 들으며 영화를 봤는데, 흥미로웠던 건 역시 스페인 관객들의 반응이었다. 그들은 저승사자 강림 역 하정우의 '멋짐 터짐'과 스케일 있는 CG 장면에 한국 관객들과 똑같은 반응을 터뜨렸다. 무엇보다 해원맥 역 주지훈의 시니컬한 농담에도 웃음이 빵빵 터져 나왔다. 역시 잘생긴 사람의 농담은 썰렁해도 국제적으로 통할 수 있다는 진리를 다시 한번 확인할 수 있는 자리였다.

영화가 끝나고 극장을 나온 나는 왔던 그대로 147번을 타고 숙소로 돌아왔다. 이제 영화도 끝났으니 앞에서 하던 이야기 역시 마무리를 지어야겠다.

＊

10년 전, 8개월 동안 월급 작가로 열심히 작품을 개발했지만, 어느 날 감독님은 작가 팀을 소집해 지금 우리가 개발한 시나리오 말고 본인에게 들어온 다른 시나리오를 영화화해야 할 것 같다며 양해를 구하셨다. 팀까지 꾸려 만든 이 시나리오를 당연히 감독하실 거라 철석같이 믿던 내게는 그야말로 하늘이 무너지는 순간이었다.

그러나 곰곰이 생각해 보면 내게 당연하지 않은 일이 그의 입장에선 당연한 일이었다. 그즈음 주가가 높은 감독님에게는 수많은 시나리오가 날아와 줄을 섰다. 당연히 그는 차기작으로 자체 개발 중인 작가 팀 작품과 외부에서 유입된 작품 중 더 나은 작품을 저울질할 수밖에 없다. 나도 준비하는 플랜 B가 감독님이라고 없었겠는가.

그렇게 감독님이 작가 팀 작품 대신 선택한 〈미스터 고〉를 연출하기로 하면서 팀은 해체됐다. 아쉬웠지만 그래도 그 8개월은 무명작가로 생활고를 겪던 내게 큰 안정감을 줬고 업계 전반에 대한 통찰도 얻게 해 줬다.

〈미스터 고〉는 흥행하지 못했지만 감독님은 그때 함

께 만든 CG회사 덱스터 스튜디오를 통해 다음 작품을 제작했고, 그 작품이 방금 내가 재관람한 〈신과 함께〉가 아닌가. 역시 감독님의 플랜 B는 엄청났다. 그리고 나 역시 시나리오 작가로 성공하진 못했지만 플랜 B를 부지런히 가동해 소설가가 됐고, 이렇게 소설가의 자격으로 마드리드에 와 그의 영화를 보고 있지 않은가.

결론. 여러분 인생에서도 작품에서도 그럴듯한 플랜 B를 세우세요. 적절한 타이밍에 열심히 가동하세요. 어쩌면 플랜 A를 능가할 수도 있는 근사한 결말이 여러분 앞에 등장할 수도 있습니다.

감독님도, 한국 영화도, 동료 시나리오 작가도 모두 그리워진 나는 귀갓길에 들르는 참새 방앗간처럼 마라논 광장 까르푸 익스프레스에 들렀다. 한국 맥주를 떠올리게 하는 마오우 맥주라도 마셔야 했다. 그렇게 1리터짜리 포탄 같은 마오우 두 병을 들고 카운터에 내려놓는데 주인인 듯한 사내가 다가와 단호하게 "노!"를 외치며 내가 내려놓은 맥주를 거둬가는 게 아닌가?

몹시 당황한 내게 뒤에 줄을 선 스페인 청년이 이곳에선 밤 10시 이후에 술을 안 판다고 영어로 말해 주지 않았다면, 인종차별을 당하는 건가 혹은 내가 너무 동안이라 술을 안 파는 건가(설마) 오해할 뻔했다.

허탈하게 까르푸를 나오며 생각해 보니 밤 10시 이후에 거리를 쏘다닌 적이 없음을 깨달았다. 그동안 마드리드의 밤 문화를 너무도 소홀히 대한 것이다. 버스를 자유자재로 이용한다고 해서 아직 마드릴레뇨가 된 건 아니라는 사실을 절감하며 가게를 나섰다.

그런데 뒤따라 나온 그 청년이 내게 까르푸는 밤 10시 술 판매 제한이 있지만 개인 가게는 그 제한이 없다고 말해준 뒤 원하면 부근 가게를 알려 주겠다고 했다. 나는 그를 따라갔다가 신장이 털리는 게 아닐까 잠시 고민했지만, 영어도 잘하고 인상도 선해 보이는 그를 믿기로 했다. 무엇보다 이 밤 숙소에서 고독하게 한잔하지 않으면 견딜 수 없었기에 그를 따라 마라논 광장 뒷골목으로 들어가지 않을 수 없었다.

15

미술관에서 만난 삼총사

지난 편에서 낯선 청년을 따라 어두운 뒷골목으로 접어
들게 됐다는 이야기까지 했다. 결과적으로 밤 10시 이
후에도 술을 취급하는 가게를 그에게 소개받아 무사히
맥주를 구할 수 있었다. 마치 뭔가 일이 더 벌어질 것 같
이 쓴 건 독자의 궁금증을 조금이라도 유발하고자 했던
작가의 무리수였음을 밝힙니다.

  맥주는 쉽게 구했고 뒷골목도 안 무서웠지만 까르푸
에서 1.4유로인 마오우 한 병이 여기서는 2.1유로라는
게 무서웠다. 1리터짜리 두 병은 먹어야 향수병을 딛고
잠을 잘 수 있는 밤이었기에, 4.2유로를 지불하고 두 병

을 구입했다. 한국 돈으로 하면 6천 원이 넘었다. 까르푸에서 샀으면 2.8유로, 즉 4천 원이 안 됐을 텐데. 역시 가난한 작가는 이국에서 맥주를 먹을 때도 환율을 계산하며 궁리를 해야 하는 것이다.

생계형 작가고 가성비 인간이라 그럴지 모르겠지만, 내 소설 속 캐릭터들과 그들의 경제 사정 역시 대체로 찌질하고 궁색하기 이를 데 없다. 다들 사는 데 급급하며 그 와중에 간신히 원하는 바를 이루려고 애쓰는 모습이 어쩔 땐 쓰레기봉투를 뒤지는 비둘기나 길고양이의 모습을 연상케 한다. 그렇다면 나는 넉넉하고 부유한 캐릭터는 못 쓰는 걸까? 솔직히 말해 그렇다. 일단 그런 사람을 많이 만나보지 못했고, 나의 글쓰기 작업의 지향점과 맞지 않기도 해 선뜻 묘사하기 어렵다.

나는 언제나 내 이야기가 세상을 현실감 있게 반영하길 바라고 특히 소설 곳곳에서 생활감이 느껴지길 바라며 쓴다. 하루하루 성실하지만 힘겹게 사는 소시민 독자들이 공감할 만한, 자신과 비슷한 캐릭터를 경험하며 이야기에 빠져들길 바란다. 생활의 흔적 그러니까 술값을 누가 낼 건지와 월세가 밀릴 때의 방편과 데이트 비용을 어떻게 나눌지 논쟁하는 것과 밀린 월급 받아낼

방법을 궁리하는 캐릭터와 그들의 궁여지책에 관심이 많고, 그것에 대해 그럴듯하게 쓰기를 좋아한다.

나 자신이 그래왔으니까. 내 이야기를 읽을 독자들도 그렇게 힘들게 살아가는 하루가 있으니까. 나는 계속 우리들의 찌질하고 간절한 궁리와 궁여지책에 대해 쓸 것이다.

각설하고, 평소보다 2천 원 정도를 더 주고 구매한 마오우 1리터 두 병은 매우 흡족했다. 오늘 밤은 카스보다 더 맛있는 듯해 흡사 독일 쾰른 지방의 맥주가 아닌가 착각이 들 정도였다. 내일은 늦잠을 자고 일어나 오후에 한 가지 일정을 소화하면 된다. 바로 마드리드 3대 미술관 아트 패스 중 마지막 남은 레이나 소피아 미술관 방문이다. 소설가에게 미술관이 예술적 영감을 불어넣어 준다는 이론적 근거는 없지만 티센 보르네미사 미술관과 프라도 미술관은 이미 내게 큰 영감을 제공해 준 바 있다. 이제 마지막 남은 '영감의 약물 한 병' 같은 레이나 소피아 미술관에 가 예술적 기운을 충전하고자 한다. 그래서 남은 체류 기간에도 지치지 않고 돈키호테를 쫓을 수 있도록.

*

다음 날 오전, 맥주 두 병에도 은근한 숙취를 느끼며 깨어났다. 레지던시 식당에서 조식을 먹고 휴식을 취한 뒤 정오가 지날 즈음 길을 나섰다.

레이나 소피아 미술관은 스페인의 근현대 미술 작품을 주로 전시하고 있으며 무엇보다 피카소의 역작 〈게르니카〉가 전시된 곳이다. 내가 레이나 소피아 미술관을 마드리드 3대 미술관 중 제일 마지막에 관람하기로 한 이유도 사실 〈게르니카〉에 있다. 살면서 피카소의 그림은 꽤 많이 감상한 편이다. 그가 남긴 작품이 많기도 하거니와 어릴 적부터 그의 독특한 그림체가 흥미로웠다. 어린이의 시각에도 그의 그림은 다른 그림과 달라 보였다. 예술이란 이런 게 아닌가, 라는 거의 최초의 이해를 내게 갖게 한 작품들이 피카소의 것들이었다. 그런 피카소의 추상적인 입체파 그림이 사실은 엄청난 기본기에서 비롯됐음을 알게 된 것 역시 새로운 깨달음이었다. 그의 청소년 시절 습작은 인간과 동물의 신체 균형을 정확히 묘사한 그림들이었고, 그런 창작의 기본기를 바탕으로 한 뒤에야 자기만의 재해석을 통한 예술이 완성된다는 점을 알려 줬다. 고로 피카소의 대표작 〈게르니카〉를 본다는 건 내겐 어떤 예식이자 영접의 순간이다. 오늘의 미술관 관람 동선 역시 〈게르니카〉를 마지막으로 세팅됐다. 미안하지만, 솔직히 다른 작품들은 〈게르니카〉를 위한 아페리티프에 불과했다.

미술관에 들어가기 전까지는 그랬다.

오직 〈게르니카〉를 향한 진군이 무의미해지는 데는 오랜 시간이 걸리지 않았다. 레이나 소피아 미술관은 예상보다 훨씬 더 현대 작품 중심이어서 앞에 두 미술관에서 본 중세 성화들은 거의 볼 수 없었다. 사실 미술관에 가면 인상적인 작품을 제외하고는 중세 성화에 좀처럼 집중하지 못했다. 그러나 이곳은 숨 쉴 틈 없이 계속되는 현대 작품 덕에 스쳐 지나갈 방이 하나도 없었다. 마치 내 관람 태도를 비웃듯 신선하고 도발적이며 뚫어지게 살필 수밖에 없는 개성 넘치는 작품들이 줄을 이었다. 나는 진도 빼듯 감상하던 관람 태도를 서둘러 교정한 뒤 천천히 그림을 음미하며 시간을 보내야 했다.

특히 살바도르 달리가 창가에 선 채 바다를 바라보는 여동생의 뒷모습을 그린 〈창가의 여인〉은 매우 아름다워 한동안 그곳을 벗어나지 못하다가 일본 단체관광객이 모여들고 나서야 자리를 비켜 줬다. 달리를 녹아내리는 시계를 그리는 화가라고만 알던 나를 정신 차리게 해 준 걸작이었다. 이후 검색을 통해 이 작품이 얼마나 유명한지 확인했고, 달리와 여동생 사이의 애증 역시 그림에 대한 감상을 복기하게 만들어 줬다. 또한 이 그림이 한국의 베스트셀러 심리서의 표지로 쓰였던 것도 알게 됐는데, 몇 해 전 이미 읽은 책이었다. 역시 나 같은 '미알못'은 그림이 액자에 담겨 벽에 걸려 있어야 그나마 그림으로 보이는 것이다.

내 발을 굳게 한 또 다른 작품은 〈Return from Fishing〉이란 스페인 화가 호아킨 소로야Joaquin Sorolla의 작품이었다. 소로야는 19세기 말에서 20세기 초에 활동한 발렌시아 출신의 인상파 화가였는데 사전 정보가 전혀 없었던지라 더욱 신선하게 다가왔다. 작은 고깃배가 해변에 정박해 있고 고기잡이라는 생업을 마치고 돌아오는 아버지와 어머니를 마중 나온 어린 딸이 물고기가 든 바구니를 들고 앞장서 육지로 향하는 그림이었다. 그림의 배경으로 매우 현실감 있는 파도로 장식된 바다가 넘실대고 있는데 그 바다는 마치 누군가의 험난한 직장이자 아름다운 풍경이고 사나운 세상의 한 모습을 오롯이 보여 주고 있었다. 그 색감과 현실감이 너무나도 취향 저격인지라 나는 단박에 이 그림을 그린 화가에게 빠져들고 말았다.

숙소로 돌아와 호아킨 소로야를 검색해 보니 어랏, 이 화가의 생전 자택을 개조한 미술관이 내가 사는 레지던시에서 불과 10분 거리였다. 단골 가게인 까르푸 익스프레스(바로 어제 야간 술 판매를 금지했던)에서 시내 방향으로 5분만 내려가면 되는 곳이 아닌가. 그러니까 동네 산책하듯 방문하면 되는 곳이었다. 3대 미술관만 섭렵하면 될 줄 알았던 나의 안일한 마음에 충격을 준 그의 그림을 더 살피기 위해 조만간 소로야 미술관을 방문하겠다고 마음먹었다.

＊

관람 막바지엔 단편영화를 틀어 주는 공간을 발견했다. 투박한 흑백 화면 속에서 스페인 남자 몇이 실랑이를 벌이는 장면이 지나고…… 점차 기괴해지고…… 여자의 눈을 면도칼로 찢고……. 그 순간 나는 그 작품이 영화 개론서에서만 목격한 아방가르드 영화의 효시, 루이스 브뉴엘의 〈안달루시아의 개Un Chien Andalou〉라는 걸 깨달았다. 맙소사. 영화를 보고 나서 옆에 브뉴엘의 초상을 보니 화풍이 눈에 익었다. 살바도르 달리가 그려준 것이었다. 둘은 지금 내가 묵고 있는 레지던시에서 함께 지낸 친구였고 이 그림이 그들의 우정을 인증하고 있었다.

게다가 옆을 살피니 그곳엔《살바도르 달리에게 바치는 찬가Ode a Salvador Dali》라는 제목의 책이 전시돼 있었다. 저자의 이름은 페데리코 가르시아 로르카. 오 마이 갓. 헤지덴시아 데 에스튜디안테스의 스페인 대표 예술가 삼총사가 서로에게 예술로 헌사를 바친 흔적이 바로 이곳 소피아 미술관에 남아 있었다. 한편으로 그들이 함께 청춘을 보내며 우정을 나눈 곳에 지금 내가 머물고 있다는 사실 역시 묘한 감흥을 불러일으켰다.•

티센 보르네미사가 미술을 사랑한 한 개인이 미술을

•   영화〈리틀 애쉬: 달리가 사랑한 그림〉(2010)을 보면 이들 삼총사의 관계와 그 당시 레지던시에서의 생활이 잘 나와 있다. 귀국한 뒤 나는 이 영화를 보게 됐고, 반전 영화를 본 것만 같은 충격을 받아야 했다. 관심이 있는 독자들에게 이 영화의 관람을 추천한다.

어떻게 받아들이고 정리했는지를 보여 줬고, 프라도가 명실상부한 시대의 대표작들을 망라했다면, 레이나 소피아는 근현대의 참신한 작가들의 작품을 중심으로 한 신선한 큐레이션이 돋보였다. 지난 2개월간 '미알못'으로서 20년 동안 본 그림과 맞먹을 분량의 그림을 봤다. 내 안목이 좀 올라갔는지는 모르겠지만, 분명한 건 이제 내가 미술관에 가는 걸 즐기게 됐다는 점이다.

그리고 〈게르니카〉. 그냥 가서들 보시라.

청춘의 한 시절, 이집트에 가 피라미드를 본 적이 있다. 피라미드가 커 봐야 얼마나 크겠어, 라고 다소 시큰둥한 심정으로 방문했다가 그 거대한 존재감을 경험하고 정신이 혼미했던 기억이 난다. 그런데 당시 길동무 중 하나는 피라미드를 무척이나 기대했는데 생각보다 작아서 별로라고 하는 게 아닌가?

결론은 이집트의 피라미드가 그렇듯 기대가 크면 작아 보이고 기대가 없으면 커 보이는 현상이 〈게르니카〉 앞에서도 똑같이 벌어진다는 이야기다.

16

A Life and Work as a Storyteller

가을이 무르익어 가는 지금, 레지던시에 틀어박혀 있는 시간이 많아졌다. 그리고 나는 여전히 작품 구상에 몰두하는 중이다. 구상하는 시간은 글 쓰는 시간보다 늘 더디고 지난한 과정이지만, 반드시 필요한 일이다. 내 머릿속에 이야기의 지도가 있어서 지도 속 길을 모두 걸어 보고 나야 마음이 놓이는 것이다. 가보지도 않고 그 길에 대해 쓴다는 건 위험부담이 너무 크다. 나는 이제 쓰지 않고도 머릿속에서 내가 그린 지도 속 길을 쏘다닐 수 있다. 다만 내 지도가 내가 원하던 바로 그 지도냐 하는 점에 늘 의문을 품은 채 걷는다. 그것만큼은 어쩔 수 없다. 인생처럼 이야기에도 답안지 같은 지도는 주어지지 않으니까.

머리를 식히고자 인터넷을 열어 보니 새 메일이 도착해 있었다. 아인오아의 메일이었다. 그녀는 토지문화재단과 함께 이 레지던시 프로그램을 만들고 진행하는 AC/E의 담당자다. 그녀와는 한국에서부터 레지던시 관련 사항을 메일로 나눈 바 있고 이곳에 오고 나서도 마드리드에 무사히 도착했음을 알린 바 있다. 당시 그녀는 답신에서 마드리드에서의 행운을 빌며 언제 한번 만나자는 말을 덧붙였다. 나 역시 그녀를 한번 만나야지 했으나 현지 적응에 힘쓰며 돈키호테를 쫓느라 미팅은 차일피일 미뤄졌다.

그녀의 메일을 열었다. 역시나 더 늦기 전에 만나자는 메일이었다. 뒤이어 몇 가지 정보가 더해졌다. 최근 마드리드 콤플루텐세대학교Universidad Complutense Madrid에서 한국어 수업을 주관하는 정미강 교수란 분을 알게 됐으며, 그분도 같이 만나 셋이 이야기를 나누면 우리가 뭔가를 도모할 수도 있지 않겠냐는 내용이었다. 매우 흥미로웠다.

＊

며칠 뒤 약속일, 나는 레지던시에서 걸어서 25분 정도 걸리는 까날역 부근의 AC/E까지 걸어갔다. AC/E의 멋진 사무실로 안내받은 나는 그곳에서 큰 키에 총명한 눈빛이 빛나는 아인오아를 만나 인사를 나눴다. 그녀는 내가 한국에서 가져온 작은 선물인 북마크를 받고 감탄한 뒤《돈키호테》에 대해서 많이 조사했냐고 물었다. 나는 실어증에 걸린 사람이 말문이 터지듯 그녀에게 그간 돈키호테를 쫓아 마드리드 거리 곳곳은 물론 세비야까지 다녀온 일을 털어놨다. 이에 격려라도 하듯 그녀는 내게 책 두 권을 선물로 줬다.《전설의 인생 세르반테스Miguel de Cerveates: la vida al mito》,《세르반테스: 불가사의의 제단Miguel Cervantes: El retablo de las maravillas》모두 세르반테스와 돈키호테에 관한 것이었는데, 앞의 것은 그의 일대기를 정리한 책이었고, 뒤의 것은 세르반테스에 대해 스페인 카투니스트 두 명이 콜라보로 작업한 만화책이었다. 내 작업을 배려한 그녀의 선물이라 생각하니 저절로 '무챠스 그라씨아스'가 터져 나왔다.

그녀와 이런저런 이야기를 더 나누던 즈음 발소리가

들리더니 정미강 교수님이 들어왔다. 우리는 보자마자 서로 "안녕하세요"라고 인사를 나눴다. 나와 인사를 나누자마자 정 교수님은 아인오아와 스페인어로 인사와 안부를 매우 빠르게 소통해 나갔다. 스페인어는 대체로 문장이 긴 편이라 말을 빨리들 하는 편인데 정 교수님은 현지인 모드로 엄청난 스페인어를 구사하며 그녀와 대화를 나눴다.

정 교수님 역시 아인오아를 만난 건 오늘이 처음이었다. 사연인 즉 아인오아가 얼마 전 한 모임에서 콤플루텐세대학 인문학부 학장을 만났는데, 학장에게 한국어 수업이 있다는 사실을 들은 그녀는 한국 소설가 하나가 현재 스페인 레지던시에 와 있다는 사실을 알린 것. 그렇다면 이 녀석을 좀 제대로 한번 써먹어 보자라는 공감대가 두 사람 사이에 형성돼 이 자리가 마련된 것이었다. 그렇다면 제대로 쓰임당하는 것도 해볼 만한 일이었다.

특강은 바로 다음 주. 촉박한 시간이지만 나는 흔쾌히 수락했다. 강연에는 어느 정도 이력이 붙은지라 자신이 있었고, '스페인의 서울대'라는 콤플루텐세의 똑똑한 학생들도 만나 보고 싶었다. 무엇보다 외국에서 통역과 함께 이뤄지는 인생 첫 강의에 기대감이 차올랐다.

특강에 합의한 후 아인오아와 인사를 나누고 교수님과 함께 건물을 나섰다. 교수님은 호쾌한 말투로 특강 장소에 한번 가보면 어떻겠냐고 제안했고 나는 흔쾌히 그녀의 빨간색 소울에 동승했다.

마드리드 국립대학교, 정식 명칭 마드리드 콤플루텐세대학교는 1200년대에 창설된 세계에서 가장 오래된 대학 중 하나고, 스페인 국왕을 비롯해 수많은 학자와 정치가가 배출된 곳이다. 학교 내에 4차선 차도가 놓여 있고 버스가 드나드는 것 역시 서울대를 연상케 했다. 교수님은 인문학부까지 차를 몰며 학교 소개와 스페인에서의 생활과 특강에 대한 준비 사항 등을 빠르게 설명해 주었다.

교수님과 함께 인문대학 건물에 들어섰다. 그녀가 돌아보라고 말해 나는 고개를 돌렸고, 곧 정문과 입구를 장식한 길고 아름다운 스테인드글라스를 목격할 수 있었다. 성당에서 볼 수 있는 스테인드글라스와는 톤과 배열이 상당히 다른 독특한 작품이었다. 감탄하는 내게 교수님은 강의 장소를 보여 주었다. 와우. 그곳은 역대 총장들의 초상화가 걸려 있는, 고풍스런 대형 탁자가 놓인 대회의실이었다. 이곳에서 제가 강의를 한다고요? 그럼요. 잘 준비해 주시기 바랍니다. 예, 그러지 않을 수가 없겠네요. 영광입니다.

교수님과 특강 내용을 논의한 후 나는 캠퍼스를 가로질러 '대학 도시' 지하철역에 다다랐다. 아예 캠퍼스 안에 자리한 지하철역이었다. 돌아가는 길, 늦가을 캠퍼스의 정취를 다시 떠올리며 아름답고 전통이 덕지덕지 묻은 인문학부 건물을 기억하며 특강 내용을 머릿속에서 정리해 나갔다. 즐거웠다. 사실 지난주에 토지문화재단 페이스북을 통해 나와 같이 교환 작가로 선정돼 토지문학관에 입주해 있는 스페인 작가 알베르토의 특강 소식을 접했기 때문이다.

같은 시기에 교환 작가가 된 그에게 반가운 마음과 약간의 동지애를 느끼고 있었는데, 그가 원주의 삼육고등학교에서 한국 고등학생을 상대로 특강을 했다는 소식에 부러움이 차올랐었다. 한편으로 나도 뭐라도 해야 하지 않나 싶었는데, 마침 이런 기회가 찾아온 것이다. 알베르토가 한국의 고등학생들에게 스페인 작가의 삶을 들려줬듯이 나도 스페인 대학생들에게 한국 작가의 삶을 들려줄 것이다. 그리고 그 내용은 딱히 다르지 않을 것이다. 작가의 삶이란 결국 표현하는 것이고 인내하는 것이자 가난과 행복으로 기운 옷을 입고 글을 쓰는 것에 다름 아니기 때문이다. 그걸 다른 나라에서 온 작가에게 듣는 경험이 이곳의 학생들에게 의미가 있길 바랐다.

레지던시로 돌아온 나는 선물 받은 책을 몇 장 읽는 것으로 돈키호테와 세르반테스를 쫓는 오늘의 과업을 마친 뒤 특강 준비를 시작했다. 먼저 강의 원고에 제목부터 입력했다.

'이야기꾼으로서의 일과 삶 A Life and Work as a Storyteller'

17
마드레! 돈키호테라니

"부에나스 디아스. 미 놈브레 에스 김호연. 반갑습니다. 한국에서 온 스토리텔러 김호연입니다. 저는 지난 9월에 교환 작가로 스페인의 유서 깊은 헤지덴시아 데 에스튜디안테스에 입주해 잘 지내고 있습니다.

오늘은 제게도 매우 소중한 날입니다. 한국에서도 여러 곳에서 강연을 했습니다. 도서관, 고등학교, 대학교, 기업체, 그리고 동네 문화센터에서도 했습니다. 하지만 외국에선 처음입니다. 오늘 이 특강이 제가 해외에서 하는 첫 특강이고 그곳이 바로 전통의 마드리드 국립대학교 콤플루텐세 인문학부 학생 여러분 앞이란 것에 더

욱 영광입니다. 불러 주셔서 감사합니다.

그럼 본론으로 들어가겠습니다. 저는 오늘 한 명의 스토리텔러로서 여러분께 제가 작가로 살아온, 아니 작가로 한국에서 살아온 과정을 진솔하게 전해드리고자 합니다. 소설가이자 시나리오 작가, 만화 편집자이자 출판인으로 살아온 제 경력을 통해 한국 문학과 한국의 문화 콘텐츠에 대해 배우고 나누는 자리가 됐으면 합니다."

✳

어느 맑고 청명한 스페인의 가을날, 마드리드 콤플루텐세대학교 인문학부 특강. 50여 명의 스페인 대학생들이 제각각의 눈동자를 빛내며 나를 바라보고 있었다. 신기하게도 남자 수강생은 단 한 명으로, 이곳에서도 해외 문화에 대한 관심은 여학생이 월등히 높다는 걸 느낄 수 있었다. 나는 그들의 시선 하나하나와 눈을 마주치며 강연을 진행했다. 강의 원고에 따라 중간중간 쉼을 두면 옆자리 교수님이 즉시 스페인어로 통역해 줬다. 학생들 또한 한국어를 공부하는지라 내가 하는 말을 조금이나마 알아들으려 애썼고 교수님의 통역 내용을 듣고는 고개를 끄덕이곤 했다.

　낯선 이국의 작가가 들려주는 새로운 이야기를 통역을 거쳐 들어야 하니 초반 분위기는 산만했다. 그러다가 내가 시나리오 작가로 참여한 영화와 최근에 이곳에도 개봉한 〈기생충〉 등의 한국 영화 이야기가 나오자 집중력이 고조되는 게 느껴졌다. 이후 연극 〈망원동 브라더스〉의 프로모션 영상을 보여 줬는데, 교수님의 통역을 통해 네 명의 남자가 한여름에 여덟 평 옥탑방에 모여 산다는 설정을 듣고는 다들 기겁을 했다. 나는 부모님이 출판 관계자인 학생이 있으면 《망원동 브라더스》를 스페인에 수입할 것을 종용해달라고 덧붙였다(만 그런 학생은 없는 듯 다들 미소를 지으며 고개를 저었다. 역시 해외에 판권을 파는 건 어려운 일이다).

　올해 초 출간한 신작 소설 《파우스터》의 줄거리를 간단히 설명한 뒤 4분간에 걸친 북 트레일러를 틀어 주자 학생들의 관심은 최고조에 올랐다. 북 트레일러라는 형식 자체에 흥미를 느끼는 듯했으며, 영화 예고편 보듯 집중력 있게 감상하는 모습이 인상적이었다.

　북 트레일러가 끝나고 나는 괴테의 《파우스트》를 모

티브로 《파우스터》를 썼듯이 세르반테스의 《돈키호테》를 모티브로 한 다음 소설을 준비 중이라고 밝혔다. 덧붙여 학생들에게 그들이 생각하는 돈키호테에 대해 물었다. 이에 교수님이 학생들 중 하나를 콕 집어 물었다. 맨 앞에서 짧은 한국말로 종종 추임새를 넣던 우등생이었는데, 순간 그녀가 뭐라 말하자 교수님이 "마드레!"라고 짧은 탄성을 내뱉었다. 강의장은 웃음바다가 됐다. 나 역시 눈치로 대충 짐작이 됐다. '마드레!'라면 '아이고, 어머니' 아니겠는가.

교수님의 통역을 통해 들은 내용인즉 "요즘 우리 같은 젊은 사람들은 《돈키호테》 같은 옛날 소설은 안 읽어요. 인문학부 4층에 《돈키호테》에 미친 나이 든 교수님 한 분이 계시니까 그분에게 물어보세요"였다. 실로 '아이고, 어머니'였다.

잠시 뒤 다른 학생 하나가 손을 들고 질문했다. "《돈키호테》는 패러디 문학인데 그렇다면 당신은 패러디 문학을 다시 패러디하겠다는 건가요?" 내공이 있는 질문이었다. 나는 답했다. "세르반테스 자신이 《돈키호테》에게 한 일을 나도 하고자 합니다. 그가 《돈키호테》를 통해 스스로와 시대를 풍자했듯이 나는 이 시대의 한국에 돈키호테와 산초 판사를 풀어놓고 그들이 여러분의 고전소설에서 했던 일을 재현해 보고자 합니다. 또한 메타 픽션은 내가 늘 관심을 가져 온 주제이기에 그 일을 세계에서 제일 먼저 성공적으로 해 낸 거장의 작품을 쫓아갈 수밖에 없게 됐습니다."

처음엔 쭈뼛대던 학생들이 어느새 하나둘 손을 들기 시작했다. 참관 온 한국문화원의 나예원 주무관도 질문을 더했다. 교수님도 질문을 보탰다. 나는 적잖이 고무된 채 성실히 답변했다. 이곳에 와 스스로에게 질문하며 보낸 시간들이 헛되지 않다고 느껴졌다. 오히려 그들의 질문을 통해 내가 배우고 있었다. 정말로 그랬다.

특히 마지막에 맨 뒷줄에서 수줍게 "지금 이곳에 작가를 꿈꾸는 학생이 있다면 그에게 무슨 조언을 해 주실 수 있나요?"라고 질문한 학생이 자꾸 떠오른다. 사람들이 흔히 인터넷 게시판에 '친구 이야기'라며 '자기 사연'을 남기듯 그녀는 모두에게 들통날 알리바이를 감수하면서도 답을 구하고 있었다. 통역을 듣자마자 나도 모르게 영어로 답이 튀어나왔다. 'Keep Going!' 이후 좀 더 길고 친절한 설명을 더했지만 그 학생이 기억해야 할 건 결국 그 두 단어뿐이다. 작가이건 아니건 삶을 수행하는 모두가 기억해야 할 두 단어다. 그 두 단어만이 자신의 인생을 나아가게 만드는 오른발 왼발일 따름이다.

'이야기꾼으로서의 일과 삶'

특강의 핵심은 그 둘이 딱히 다르지 않다는 점이었다. 최고의 권투 선수는 링에 오르지 않을 때도 늘 링 안의 인생을 살게 된다. 그는 경기를 준비하며 연습할 때도, 밥을 먹을 때도, 잠들기 전에도, 경기장에 선 자신의 모습을 떠올릴 것이다. 그리고 링에 올라 12라운드를 치른 뒤 판정 결과를 듣고 내려와 집에 돌아가는 길에도 링을 떠올릴 것이다. 일이 링이라면 삶은 더 큰 링일 뿐이다.

작가도 마찬가지다. 생각은 늘 작품 속에서 맴돌고 그렇게 다져진 작품들이 모여 인생이란 모자이크가 완성된다. 고로 도망치지 않고 작품이란 링 안에서 삶을 수행하는 것만이 작가가 살아가는 방법이다. 그런 이야기를 하고 싶었다. 한국의 서울에서나 스페인의 마드리드에서나 인도네시아의 자카르타에서나 작가의 삶은 결국 똑같기 때문이다.

*

특강을 마치고 숙소에 돌아왔다. 저녁 식사를 기다리
며 토지문학관에 메일을 작성했다. 강의 사진을 첨부하
고 오늘 특강의 감상을 적은 뒤 감사함을 더해 전송을
눌렀다. 아인오아와 정미강 교수님께도 메일을 보냈다.
역시 강의 사진과 함께 이런 자리를 마련해 준 것에 감
사하며 오늘의 특강을 내 나름대로 정리해 봤다.

　몇 해 전 카이스트의 예술가 레지던시 프로그램 '엔
드리스 로드'에서 지내며 7주간 스토리텔링 워크숍을
진행한 적이 있었다. 워크숍 마지막 시간에 나는 학생
들에게 말했다. 카이스트에 와서 작업실을 얻고 창작
지원을 받는 것만이 중요한 게 아니다. 워크숍을 통해
당신들을 만나고 당신들과 이야기를 나눈 것이야말로
이곳에 온 큰 의미라고. 이곳의 사람을 만나 소통하는
것도 중요하며, 혼자 글 쓸 공간만을 찾아온 것도 아니
라고.

　오늘 마드리드 국립대학교에서도 똑같은 기분을 느
꼈다. 이방인으로 이 도시에서 석 달을 보내며 내가 하
려 한 건 작업 공간을 제공 받아 글을 쓰는 것만이 아니

었다. 이곳의 사람들을 만나는 것이었고, 이곳의 사람들에게 뭐라도 듣고 어떻게든 체험하는 것이었다. 1회성 특강이란 게 아쉬웠지만 그것만으로도 좌충우돌하던 이방인은 많은 걸 실감했다. 나는 메일함을 내리고 문서 창을 열어 오늘의 기억을 소중히 기록했다.

아홉 시가 됐다. 식당에 가니 매니저 호세가 반갑게 맞아 준다. 그는 내가 레지던시 식사를 몇 번 거르다 가면 그간 어떻게 된 거냐며 걱정해 주기 급급하다. 나이를 알 수 없는 노련한 인상의 그는 늘 유쾌하고 쾌활하다.

마드리드에 오며 스페인 친구 하나 사귀고 싶었다. 이전에 토지문학관에 입주했던 스페인 작가들과는 이메일로 소통했지만 결국 만나지는 못했다. 우연히 인사를 나눈 옆방에 사는 코스타리카 시나리오 작가, 그 친구와도 친해지고 싶었으나 수줍은 꼴이 나와 닮아 더 이상 대화가 이어지지 않았다. 자주 들르던 가게의 점원들과 한국문화원의 리셉션 직원과도 반가운 인사를 나누곤 했지만 친구라고 말하긴 어려웠다. 이후 혼자 여행을 하고 돌아와 묵묵히 작업에 빠져들며 딱히 소통하지 못했다. 그런데 레지던시 식당에 올 때마다 반겨주는 호세, 알바로, 아이카르도, 마리아, 그리고 여러 직원들……. 이곳에서 지내는 시간이 얼마 남지 않자 그들과 함께 하는 시간이 더욱 소중해진다.

호세가 주문을 받으러 다가왔다. 나는 핸드폰으로 찍어 공부해 놓은 오늘의 메뉴를 더듬더듬 발음했다. 그는 내 서툰 스페인어 주문에 흐뭇한 미소를 지으며 한마디 했다. 무이 비엔.

음식이 나왔다. 늘 그렇듯 레지던시 식당의 저녁은 훌륭했다. 호세가 어떠냐는 듯 눈으로 물었다. 나는 친구에게 답했다. 무이 비엔.

V.

황홀한 방랑

18
소설가의 고향

시간은 잘도 흘러 마침내 10월 8일이 됐고 세르반테스가 내게 준 미션이 떠올랐다. 내일은 그의 생일. 그렇다. 나는 지금 바로 알칼라 데 에나레스로 가야 한다. 그의 생일 전야를 만끽하고, 그의 생일을 그의 고향에서 맞이해야 한다. 그 미션을 수행하고 나면 비로소 물꼬가 트이며 내가 마드리드에 온 목적, 바로 나만의 돈키호테를 쓰는 일에 박차를 가할 수 있을 거란 희망이 샘솟았다.

10월 8일 오전, 레지던시에서 지하철을 타고 아토차역으로 향했다. 마드리드의 서울역인 아토차역에서 알

칼라 데 에나레스행 열차를 타고 수원 정도에서 내리면
됐다. 어느덧 한 달 넘게 마드리드에서 지내다 보니 모
든 지리를 한국과 비교해 이해하는 버릇이 생겼다. 재
미도 있고 외우기도 쉬워서 그렇게 된 듯하다. 예컨대
바르셀로나는 부산, 세비야는 서울, 말라가는 목포 이
런 식으로 여기는 것이다.* 그렇다면 알칼라 데 에나레
스는? 거리상으론 수원이지만 직접 다다라 겪는 도시
의 실체는 또 다를 것이다. 이쯤에서 이 도시에 대해 좀
더 객관적으로 정리된 내용을 살펴보자.

알칼라 데 에나레스 Alcalá de Henares

에스파냐 중부 마드리드 주州에 있는 도시. 마드리드
북동쪽 약 30킬로미터, 에나레스강 연안에 자리 잡
고 있다. 알칼라는 아랍어로 '성城'이란 뜻이다. AD
1000년 파괴됐으나 1038년 무어인이 재건하였으며,
1083년 알폰소 6세가 탈환하였다. 화학제품, 면제품,
향수, 도자기가 생산되며 '알칼라 아몬드'가 유명하
다. 산 후스토 교회와 오래된 대학 건물이 있다. 대학
은 1508년 성서 편찬으로 유명한 메네스 추기경이 건

• 이 아이디어는《나의 돈키호테》의 프롤로그에 알차게 활용됐다.

설한 것인데, 1836년 마드리드로 옮겨졌다. 세르반테스와 페르난도 1세가 이곳에서 태어났다.

두산백과에서 퍼 온 알칼라 데 에나레스에 대한 소개다. 세 개의 키워드로 살필 수 있는데 '대학' '세르반테스' '아몬드'가 그것이다. 아몬드라니, 반드시 아몬드를 찾아 먹어야 할 판이다. 알칼라 데 에나레스는 과거에도 그랬고 지금도 그랬고 교육도시 이미지가 강하다. 유서 깊은 대학들이 많고 지금도 대학이 많아 한국 유학생들도 있다고 한다. 무엇보다 세르반테스의 고향으로 유명하다. 그의 생일에 맞춰 축제를 열거나 문학상도 만드는 등 이 도시는 세르반테스의 위엄과 존영이 넘치는 동네인 것이다.

30분이 채 안 지났는데 기차는 어느새 알칼라 데 에나레스에 도착했다. 마음의 준비도 마치지 못하고 역을 빠져나와 도심으로 향했다. 이 도시의 첫인상은 우리나라 지방 도시 느낌 그대로였다. 소박한 역과 역을 중심으로 뻗어나가는 도심 방향 큰길, 대도시의 붐비는 차량과 사람 대신 여유 있고 느긋한 거리 풍경이 펼쳐졌는데, 본격적인 축제 메인 거리에 다다르자 인구밀도와 거리의 공기 자체가 달라지고 있었다. 이곳은 이미 장터로 변해 어디서 몰려온 건지 모를 북적이는 인파로 넘쳐 났고, 세르반테스 축제인지 전국 먹거리 축제인지 모르게 좌판이 늘어서 있었다.

꼬챙이에 꽂힌 채 먹음직스럽게 익은 통돼지 절반과 큼직한 소시지 넝쿨이 나를 맞이했다. 유아용 풀장 크기의 원형 불판에선 100명은 족히 먹일 빠에야가 익어 가고 있었다. 감자니 호박이니 가지니 하는 야채들이 모둠으로 구워지는 곳은 도저히 그냥 지나치기 힘들 정도로 침샘을 자극했다. 나는 이곳에 먹으러 온 게 아니다. 세르반테스의 흔적을 찾아왔고, 온전히 그를 느껴야 하고, 집필의 영감을 충전해야 한다. 그렇게 되뇌며 간신히 '먹부림'을 자제했다.

서둘러 큰길을 가득 채운 좌판 행렬을 피해 공원으로 몸을 돌렸다. 공원 역시 여러 가지 행상들이 축제를 위해 들어서는 중이었는데, 모두 세르반테스 시대를 떠올리게 하는 것이었다. 대장간으로 꾸민 기념품 상점, 나무로 만든 공예품 상점, 색색의 전통 면사가 깔린 좌판 등이 아름답기 그지없었다. 그중 나무로 깎은 맥주 컵에 정신이 팔려 얼마에 흥정하면 될까 잠시 고민하다가 간신히 정신을 차리고 몸을 돌린 순간, 공원 중앙에 우뚝 선 동상이 보였다. 세르반테스 축제의 중심지에 자리한 그 동상이 누구일지에 대해서는 의문의 여지가 없었다.

＊

동상 앞에 다다른 나는 무릎이라도 꿇을 자세로 엉거주춤 선 채 그를 올려다봤다. 마드리드의 작은 광장에서 마주친 그, 세비야의 길가 구석에서 마주친 그, 그리고 이제 성지와도 같은 이곳에서 비로소 그를 재회할 수 있었다. 이곳의 세르반테스 동상은 그동안 내가 본 것 중 가장 늠름하고 근사해 보였다.

한 손엔 깃털로 된 펜을 들고 허리에는 날렵한 칼을 찬 채 서 있는 청동 세르반테스는 도시를 지켜주는 수호신의 풍모로 축제를 준비 중인 후손들을 내려다보고 있었다. 마치 너희들 나 덕에 먹고 사니 한상 거나하게 차려 봐라. 풍악을 울려 봐라. 신나게들 놀아 봐라. 명령하는 듯했다. 그리고 그런 세르반테스 머리 위에 갈매기 한 마리가 떡하니 앉아 있었는데, 신기하게도 그

흰 갈매기는 마치 세르반테스에게 내리쬐는 강렬한 햇
살을 막아 주는 타원형의 챙 모자처럼 보였다.

갈매기를 모자로 쓴 세르반테스에게 다시 찾아뵙겠
다 눈인사를 하고 관광안내센터로 향했다. 자원봉사자
로 보이는 젊은 여성이 나를 맞이해 줬다. 내가 세르반
테스 축제를 보기 위해 왔다고 하니 그녀는 반가워하며
몇 가지 팸플릿과 도시 지도를 줬고 축제 기간 중 주요
행사에 대해 말해 줬다. 그중 두 가지를 듣고 나는 그
자리에서 펄쩍 뛸 뻔했다.

한편 관광안내센터는 작은 세르반테스 박물관을 겸
하고 있었기에 그동안 보지 못한 새로운 자료들도 섭렵
할 수 있었다. 그동안 본 것 중 가장 잘생긴 세르반테스
석고상과 여러 초상화를 볼 수 있었고, 무엇보다 초기
《돈키호테》 판본을 목격할 수 있었다. 그 철철 넘치는
고서의 분위기만으로도 나는 압도돼 마치 노다지를 발
견한 도굴꾼인 양 정신없이 사진을 찍어 대야 했다.

관광안내센터를 나온 나는 세르반테스 생가로 향했
다. 호객 행위와 좌판 음식의 유혹을 뒤로하고 인파를
헤집으며 진군을 거듭해 멀지 않은 거리의 생가에 다다
를 수 있었다. 사진에서 보던 대로 생가 앞 벤치에는 돈

키호테와 산초가 나란히 앉아 서로 의논(하는 것 같지만 자세히 보면 돈키호테가 산초에게 일장 연설을)하는 모습의 동상이 익살스럽게 자리하고 있었다. 그리고 돈키호테와 산초 사이의 공간에 엉덩이를 들이밀고 앉아 사진을 찍는 사람들로 붐비고 있었다. 덩치 큰 서양 사람들도 모두 라만차의 두 시골 영웅들과 함께 사진을 찍으려고 행렬을 이뤘다. 나는 그들 뒤에 서서 순서를 기다렸다.

바야흐로 내 차례가 됐다. 돈키호테와 산초 사이에 앉은 나는 셀카 포즈로 휴대폰을 들어 봤으나, 예상 밖 문제에 봉착했다. 어쩔 수 없는 짧은 리치 때문에 돈키호테와 찍으면 산초가 안 나오고 산초와 찍으면 돈키호테가 안 나오는 것이었다. 전전긍긍하는 나를 발견한 독일인지 네덜란드인지 아무튼 키가 크고 혀를 많이 꺾어 발음을 하는 아저씨가 대뜸 휴대폰을 달라고 하셨다. 나는 구원자를 만난 듯 그에게 폰을 건넸고, 그는 돈키호테와 산초 사이에 앉은 채 만면에 미소를 짓는 동양인의 사진을 찍어 주다가 갑자기 스마트폰을 들고 달아나 버렸다.

그랬다면 이야기가 훨씬 재밌겠지만(주인공이 곤경에 빠질수록 이야기는 달아오른다), 그는 자신이 찍은 두 장의 사진을 보여 주며 마음에 드는지 확인해 보라고 했다. 나는 무척 마음에 든다고 말한 뒤 그의 국적을 물었다. 독일이라는 답에 "당케 쉔"이라고 답했다(나는 내가 방문했던 나라의 '안녕하세요' '고맙습니다' '건배'는 반드시 기억해 둔다).

사진을 찍은 뒤 세르반테스 생가에 들어갔다. 원래는 입장료를 받지만 축제 기간이어서 무료 개방이었다. 생가는 뭐랄까, 예상한 그대로였다. 나는 중세 말기 스페인 중산층 유대계 가정집의 풍경을 살피며 내부를 한 바퀴 돌았다. 2층 건물 안에 가득한 살림의 흔적과 의사였던 아버지의 진료실이 단정하게 자리하고 있었다(그 시대 의사는 상류층이 아니었음을 밝힙니다). 프랑크푸르트의 괴테 하우스 마냥 단독 4층 건물과 정원이 있는 으리으리한 곳은 결코 아니었다. 매우 소박했고, 생활감이 느껴졌으며, 작가를 꿈꾸던 젊은이라면 빨리 이곳에서 떠나고 싶었을지도 모르겠다는 생각도 들었다. 그래서 세르반테스는 일찍 고향을 떠나 톨레도로, 마드리드로, 피렌체로, 지중해 곳곳으로 떠돌았는지도 모르겠다.

생가를 나온 나는 간단히 요기한 뒤 숙소로 향했다.

여장을 풀고 잠시 쉰 뒤(시에스타) 다시 거리로 나와 달아오르는 축제의 전야를 살폈다. 낮에는 보지 못했던 거리 곳곳의 세르반테스와 돈키호테의 흔적도 발견할 수 있었다. 문 닫은 상점의 셔터와 거리 벽화, 기념품점마다 돈키호테 혹은 세르반테스의 마르고 강인한 골격이 빠지지 않고 새겨져 있었다. 나는 좌판에서 맥주 한 잔을 사 들고 그 밤 그 도시를 즐겼다. 그리고 내일 있을 본격적인 무대를 그리며 일찍 잠을 청했다.

19
드디어 만난 돈키호테

10월 9일 정오. 나는 알칼라 데 에나레스 중앙 광장 옆에 위치한 오래된 극장 앞에 서 있었다. 나 말고도 여러 사람이 줄을 서 있었고 잠시 뒤 극장 문이 열렸다. 입장권은 미소를 담은 인사로 충분했다.

극장에 들어선 뒤 앞쪽에 앉으려고 보니 첫 두 줄은 이름이 붙어 있다. 관계자 좌석. 그래서 세 번째 줄에 앉았다. 극장은 서양 고전극이라도 공연할 수 있을 듯 고풍스러움이 넘쳤다. 어느새 3층까지 관객이 가득 들어찼다. 무대 뒤편에는 이렇게 적혀 있다.

바로 '돈키호테 낭독 공연'이다. 어제 관광센터로부터 낭독 공연이 있다는 말을 듣고는 온몸에 소름이 끼칠 지경이었다. 솔직히 이 공연의 자세한 방식과 전통은 모른다. 심지어 러닝타임도. 하지만 나는 그저 '돈키호테 낭독 공연'이라는 정보만으로도 이곳에 올 가치가 있다고 생각했다.

극장 안 현지인들이 나를 곁눈질하는 게 느껴진다. 저 동양인 사내는 낭독 공연에 뭘 얻어먹으러 온 걸까, 학생이라기엔 너무 늙어 보이는데, 스페인어는 알아들을 수 있는 건가? 라는 질문의 눈빛이 느껴졌다.

잠시 뒤 앞 두 줄을 '관계자'들이 들어와 채운다. 가지각색이다. 양복을 입은 훤칠한 중년 사내는 시의원처럼 보이고 청바지에 남방을 입은 머리가 벗겨진 할아버지는 정년 퇴임한 선생님 같다. 화려한 정장 원피스에 머리도 하고 온 아주머니는 양품점 주인 느낌이고, 목덜미로 문신이 보이는 개성적인 복장의 젊은 여성도 보인다. 점퍼 차림에 키가 작고 다리를 저는 분은 구둣방 노인 같아 보이고, 긴장한 표정이 역력한 식당 종업원 느낌의 총각도 보인다.

나는 본능적으로 깨달았다. 이분들이 올해 알칼라 데 에나레스를 대표해 이 낭독 공연에 참여하게 된 시민들이로구나. 신청을 받고 제비뽑기를 했는지, 시의회에서 심사 후 선발했는지, 돈키호테 필사를 많이 한 사람을 선정하는지, 어떤 경로로 뽑는지 알 수 없지만 이 도시의 구성원들이 기꺼이 참여해 이뤄지는 공연이라는 건 분명히 알아챌 수 있었다.

낭독 위원장 혹은 극장 대표로 보이는 수염이 덥수룩한 어르신이 무대로 올라와 마이크를 켠 후 공연의 시작을 선언했다. 뒤이어 중년 사내가 올라와 자신의 분량이 적힌 종이를 펼치고 낭독을 시작했다. 중저음의 목소리로, 전문 낭독자가 아님에도 한껏 감정을 담아 《돈키호테》의 한 부분을 읊어 나갔다. 그다음으로 엉거주춤 겨우 무대에 선 할머니 역시 작지만 또렷한 목소리로 낭독을 이어 갔다. 뒤이어 다음 사람, 또 다음 사람, 그다음 사람. 모두가 자신이 맡은 분량의 책 속 이야기를 정성껏 재현했다. 거기서 내가 알아들을 수 있는 건 몇 가지 지역 명칭과 돈키호테, 산초의 이름뿐이었다. 하지만 내가 느낄 수 있는 건 거의 전부였다. 돈키호테를, 돈키호테를 쓴 세르반테스를, 그리고 돈키호테를 쓴 세르반테스를 기리는 고향 사람들의 진심을 온몸으로 받아들이고야 말았다.

낭독이 끝나기까지 70여 분이 흘렀다. 총 20명이 넘는 이 도시의 시민들이 마치 제의에 참여하듯 경건하게 임했고, 관객이 된 시민들과 관광객들 또한 이 공연의 일부가 돼 숨죽인 채 공연을 만끽했다. 낭독이 끝나고 시민 한 명 한 명이 내려갈 때마다 짧지만 강렬한 박수 세례가 터졌고, 모두가 자신이 뭘 하고 있는지 정확히 알고 있었다.

✳

극장 앞 광장 중앙에는 어제와 같이 세르반테스 동상이 우뚝 서 있었고 이제 완연한 축제의 장이 펼쳐져 있었다. 광장의 반을 차지한 좌판에서는 먹거리, 음료, 술이 넘쳐 났다. 사람들은 서서 또는 앉아서 경쟁하듯 축제를 즐기고 있었다.

또한 광장의 나머지 반쪽엔 작은 놀이동산이 급조돼 소형 관람차, 회전목마, 간이 바이킹, 트램펄린 등에서 아이들이 즐거워하고 있었다. 놀랍게도 이 놀이기구들은 인력으로 움직였다. 바이킹 담당자인 덩치 큰 사내는 자신의 온몸을 바이킹 뱃머리에 실어 한번에 배를 밀고는 이후 손으로 컨트롤했고, 소형 관람차 역시 산적같이 생긴 사내가 자신의 팔 힘으로 기어를 돌려 회전시키고 있었다. 그들은 모두 〈캐리비안의 해적〉에 나오는 선원 옷을 입은 채 이 업무를 수행하고 있어 중세 배경 친환경 에코 놀이동산에 온 기분이었다. 우리로 치면 민속촌에 놀이공원이 들어선 형국이랄까. 당연히 아이들은 놀이기구를 타는 것도 즐겼지만 기구를 운전하는 선원 아저씨들의 장난과 익살에 더 큰 웃음을 터트렸다. 꽤 멋진 광경이었다. 부모들 역시 이 놀이동산을 흐뭇하게 바라보며 한 번 더 타겠다는 아이들에게 동전을 쥐어 주고 있었다.

허기를 채울까 해 메인 거리로 접어들자 이곳은 이제 세르반테스 시절의 시장으로 완전히 변해 있었다. 좌판의 상인들 역시 그 시대 복식을 갖춘 채 팔라펠과 생감자튀김과 고기 꼬치와 바비큐, 생맥주를 팔고 있었다. 먹을 것뿐만 아니라 각종 액세서리, 기념품, 향신료, 나무 공예품, 가죽 제품, 향초, 그림 등을 파는 상점 역시 부지런히 호객과 흥정을 하고 있었다. 나는 타임머신을 타고 낯선 세상에 떨어진 얼간이 마냥 좌판 곳곳을 살피느라 배가 고픈 줄도 몰랐다.

그때였다. 피리와 아코디언 소리가 신나게 울려 퍼지며 거리 한쪽이 마치 홍해 갈라지듯 열렸다. 퍼레이드가 시작된 것이었다. 어제 관광센터에서 들은 두 가지 흥분되는 행사 중 하나가 낭독 공연이었고, 나머지 하나가 바로 이것이었다. 대략 점심 즈음에 한 번 저녁 즈음에 한 번 진행된다는 퍼레이드. 점심에는 낭독 공연을 보느라 놓친 줄 알았던 그것이 운 좋게 지금 펼쳐지는 중이었다.

고풍스런 의상을 갖춰 입은 대여섯 명의 악사들이 피리와 아코디언, 퍼커션, 기타 등을 연주하며 길을 열고 있었다. 그리고 그 뒤로 흰 말을 탄, 은빛 갑옷을 두른 껑정한 노인이 내 눈에 들어왔다. 그는 구부러진 대야 모양의 투구를 쓰고 제법 긴 창을 든 채 허리를 펴 말을 탄 채로도 꼿꼿하게 자세를 잡고 있었다. 사람들은 모두 그를 향해 손을 흔들고 사진을 찍고 고함을 질러댔다. 돈키호테! 돈키호테!

그리고 돈키호테가 탄 백마의 반보 뒤로, 작고 배 나

오고 투실하고 덥수룩한 수염의 사내가 당나귀를 끌고 사람들이 주는 음식을 받아먹으며 걸어왔다. 영락없는 산초 판사였다. 백마 위의 조금은 피곤한 듯한 돈키호테와 사람들과 활발하게 대화와 음식을 주고받으며 걸어오는 산초 판사. 두 사람이 내 앞을 지나칠 때 나는 멍하니, 마치 영화의 필름이 흘러가는 걸 목격하듯 그저 그들의 재현을 넋 놓고 바라볼 뿐이었다.

크리스마스가 되면 교회마다 주일학교 선생님 중에 산타클로스 역할을 할 사람을 뽑는다. 일단 듬직한 덩치여야 하고 연배가 있으면 더 좋고 무엇보다 뭉게뭉게 흰 수염이 잘 어울려야 한다. 이 도시 역시 매년 돈키호테와 산초 역을 맡을 주민을 공개 모집하는 건 아닐까? 그렇다면 오늘의 돈키호테와 산초는 캐스팅이 다 했다고 봐도 과언이 아니었다. 우리가 익히 아는 그 삐쩍 마르고 고집 세 보이는 인상의 노인네와 퉁퉁한 체구에 넉살 좋게 생긴 하인의 모습이 너무나도 그럴듯해 나는 캐스팅 디렉터에게 헌금이라도 하고 싶은 심정이었다. 그럼에도 다음 축제에는 여자 돈키호테와 거인 산초, 소년 돈키호테와 아줌마 산초도 보고 싶었다. 혹은 이 축제 어딘가에서 그러한 코스프레 자리가 열리고 있을지도 모르겠다.

*

아직 끝이 아니라 시작일 뿐이었다. 돈키호테와 산초 뒤를 구렁이를 어깨에 감은 마법사 그리고 커다란 원형 굴렁쇠 안에 몸을 넣은 채 굴러가는 사내와 댄서들이 따랐다. 또 〈반지의 제왕〉에 나올 법한 걸어 다니는 거대 나무들이 사람들과 하이파이브를 하며 지나갔다. 그 뒤를 중세 시대 서민 복장을 한 이 도시의 시민 수십 명이 노래를 부르며 행진해 왔다. 실로 재밌고 웅장하고 신기하고 흥겨운 퍼레이드였다. 이들 중 연기자나 고용된 재주꾼들도 있겠지만 퍼포먼스에 참여한 대부분은 직접 복장을 갖춰 입은 시민들이었다. 알칼라 데 에나레스의 주민들은 진심으로 돈키호테를 살아 있는 자신들의 영웅이자 조상으로 믿고 따르고 있었다. 그것이야말로 돈키호테를 쫓아 여기까지 온 내게 참을 수 없는 희열을 전해 줬다.

퍼레이드는 계속됐고 나도 그들의 일부가 돼 행진했다.

20
글쓰기 메커니즘

다시 마드리드의 작업실. 알칼라 데 에나레스에서 세르
반테스와 돈키호테 그리고 후손들의 엄청난 열정과 감
동의 세례를 받은 뒤에는 글이 술술 써질 줄 알았다. 시
내 광장에서 만났던 세르반테스 옹도 그리 예언하지 않
았는가.

　하지만 그 반대였다. 마치 목표한 바를 이룬 뒤 허탈
해지듯 그의 생일에 그의 도시에서 한바탕 카니발을 즐
기고 나니 이미 모든 걸 이룬 것 같은 착각에 빠져버렸
다. 이번에 충전한 영감을 바탕으로 돈키호테를 한국에
소환하려던 흑마법은 도무지 발휘되지 않았다.

역시 글쓰기는 쉽지 않은 일이다. 20년을 글만 써 생계를 유지했음에도 여전히 쓴다는 건 힘이 들고 곤란한 일이다. 모든 노동이 그러하듯이 이 일도 적절한 공정이 필요하다. 그 공정에 몸을 실은 뒤 반복된 가동을 통해서만 글쓰기의 기술이 스멀스멀 발휘되는 것이다.

소설가로 등단한 그해의 송년회에서 의사 친구가 내게 물었다.

"그런데 넌 하루 종일 책상 앞에 앉아 글을 쓰는 거야? 어떻게 그럴 수 있어?"

내가 답했다.

"너도 하루 종일 수술대 앞에 서 있진 않을 텐데."

작가라고 하면 흔히 그런 상상을 한다. 책상 앞에 앉아 미간을 잔뜩 찌푸린 채 아침부터 저녁까지 글을 쓰고 지우고를 반복하는, 그런 골방형 인간의 모습. 하지만 실제 작가의 생활이 그렇게 책상 앞에 코를 묻고 종일 버티는 건 아니다. 작가에게는 사는 것이 쓰는 것이다. 일상을 충실히 영위하는 게 글쓰기의 우선 조건이다. 물론 마감 시즌에는 하루 열두 시간을 책상에서 씨름하기도 하지만 대부분은 일상의 틀 안에서 글 작업을 해야 오래 할 수 있다. '전업'은 결국 평생 꾸준히 이 일을 해서 먹고살아야 한다는 뜻 아닌가.

전업 작가로 살아온 지도 20년이다. 중간에 출판사 생활을 했지만 그때도 계속 만화 스토리와 영화 시나리오를 썼으니 쉼 없이 글을 써 온 셈이다. 첫 직장인 영화사 시나리오 팀에서 뭣도 모르고 선배들을 따라 시나리오를 썼고(시나리오 도제 시스템의 거의 마지막 세대가 아닌가 한다), 만화계에선 훌륭한 스승님을 알게 돼 그분을 통해 만화 스토리를 배웠다. 출판사에선 소설 편집자로 일하며 자연스레 소설 쓰는 일을 독학했다. 다재다능하지 않고 글쓰기밖에 할 게 없어서 이 일을 계속해 왔고, 계속 오래 하다 보니 글 쓰는 일이 그나마 제일 잘하는 일이 돼서 여기까지 온 것이다.

프로작가 20년 차가 글쓰기에 대해 하고 싶은 말이 있다면 결국 살아가는 것과 글을 쓰는 것은 같은 일이라는 점이다. 늘 글쓰기를 삶과 분리하려고 노력했지만 결국 작가의 일상은 글쓰기에 온통 집중될 수밖에 없고 그 강박과 집착 속에서 삶이 완성되고 글이 써지곤 한다. 앞에서도 글쓰기의 강박이 없는 작가는 작가가 아니라고 말했듯, 삶에서 항상 글쓰기의 와이파이를 켜 놓고 몸의 감각을 준비시켜 두지 않으면 작업은 곧 무여지고 더뎌진다.

나는 노트북을 켜고 자판에 손을 댈 때마다 그날의 연습을 하는 피아니스트가 된 심정이다. 최고의 피아니스트건 세계적인 발레리나건 매일 연습하지 않으면 실력이 떨어진다고 한다. 글쓰기도 똑같다. 며칠 아무것도 쓰지 않다가 다시 쓰려고 하면 머리와 손이 영 따로 논다. 머리에서 생각난 것들이 좀처럼 손까지 잘 내려오지 않는다.

글쓰기란 머릿속 생각이 가슴을 거쳐 손으로까지 내려와 종이로 옮겨지는 과정이라고 나는 생각한다. 어떤 작가는 작가라고는 하는데 작품으로 보여 주기보다 입으로만 들려 주기 바쁘다. 또 다른 어떤 작가는 세간에 화제작이 나오면 자기도 그런 아이디어의 작품을 수년 전에 이미 구상했다며 줄거리를 술술 읊기도 한다. 그런데 그런 작가는 현업 작가라고 보기 어렵다. 그는 머릿속 생각이 손과 가슴은커녕 목구멍까지 내려오기도 전에 입으로 다 빠져나가 버리기 때문이다. 머릿속 생각을 손까지 묵묵히 온전히 끌고 내려오는 것, 거기에 더해 그냥 내려오는 게 아니라 가슴을 관통해 '이것이 나의 진심을 담은 것인가?'라는 질문의 필터링을 거친 뒤 내려올 때라야 좋은 글이 써지는 것이다.

이것은 메커니즘이고, 메커니즘이 완성되려면 반복된 연습밖에 답이 없다. 그 연습은 앞에서 말했듯 피아니스트의 그것과 다를 바 없다. 매일 머리에서 쓰고자 하는 생각과 혼을 끌어모아 입으로 내뱉지 말고 속에서 되뇌며, 가슴으로 숙성시켜 팔을 통해 손으로 전달하면, 마지막으로 손이 그것을 감당하느라 부지런히 손가락을 놀리는 것. 이것이 내가 생각하는 글쓰기의 공정이다.

✳

책상 위에 앉아 있을 때의 집필 과정이 이러하다면 책상에 앉아 있지 않을 때는 어떠할까? 흔히 '발로 쓴 글'이란 표현을 쓰는데 이것에는 두 가지 의미가 있다. 하나는 취재를 잘한 글이란 뜻이고, 다른 하나는 속된 말로 개발새발 엉망이라는 뜻이다. 그런데 내게 '발로 쓴다는 것'은 어슬렁거린다는 의미다. 어슬렁거리며 산책도 하고 주위도 살피고 술집에서 친구와 술 한잔 나누며 주변 이야기도 훔쳐 듣고 하는 거다.

특히 산책이야말로 내겐 작품을 쓰는 데 있어 절대적 요소다. 한때 괜찮은 산책로와 틀어박히기 좋은 작업실만 있으면 뭐든지 쓸 수 있을 거라고 자신하기도 했던 건, 그만큼 두 가지가 나뿐 아니라 대부분의 작가들에게 중요한 지표이기 때문이다.

"꼭 산책할 장소가 있어야 한다. 앉아 있으면 사유는 잠들어 버린다. 다리가 흔들어 놓지 않으면 정신은 움직이지 않는다." 몽테뉴의 말이다. 나 역시 그러했다. 작품의 씨가 뿌려지면 그것을 부풀려 본다. 처음에는 침대와 책상에서 골똘하거나 끄적이거나 하다 보면 어느 정도 물을 머금은 씨앗이 땅에 자리를 잡는다. 하지만 햇살과 수분이 꾸준히 공급돼야 그것이 자라듯이, 작품의 씨앗을 키우기 위해 나는 걷는다. 대낮에 햇볕 따가운 거리를 걸으며, 비 내리는 도심 거리를 우산도 없이 걸으며, 바람 부는 날 뒷산 산책로를 오르며, 머릿속 이야기를 곱씹고 다듬는다. 발걸음이 지속될 때마다 머릿속에서 이야기도 자기 길을 가듯 자란다. 주인공이 누군가를 만나고, 다시 새로운 목표를 발견하고, 마치 내가 이야기를 향해 걸어가듯 이야기 속 주인공도 자신만의 삶을 찾아 나아간다. 이 모든 게 산책과 어슬렁거림 속 내 발자취에서 비롯된다. 실제로 산책이 뇌 신경을 자극해 뇌의 창작 영역을 활성화시킨다는 임상 결과도 있다고 하지 않는가.

이는 창작자에게만 적용되는 것도 아니다. '솔비투르 암불란도Solvitur Ambulando'라는 라틴어 문장이 있다. '걸으면 해결된다'라는 뜻이다. 걷다 보면 인생의 많은 고민들이 하나씩 정리되곤 하지 않는가? 그래서 사람들은 인생의 갈림길에서 수많은 길을 만들어 내고 새로운 길을 찾아 더 먼 여정을 떠나기도 하는 게 아닐까.

길 위에서의 이야기. 일종의 로드 픽션이다. 《돈키호테》도 따지고 보면 길에서 벌어지는 이야기이니 로드 픽션이다. 로드 무비를 좋아하던 소설가 역시 자신만의 로드 픽션을 완성해 나가는 중이다. 하지만 길에는 끝이 없어서, 그는 이야기를 쓰는 방랑의 행진을 계속 이어가야 할 것이다.

＊

그리하여 여기 마드리드에서의 나의 일상도 이러하다. 일어나 러닝을 하고 돌아와 쉬다가 간단히 커피나 주스에 과일로 아침을 때우고 책을 읽는다. 책을 읽고 나면 이곳보다 7시간 앞서 일어난 한국의 뉴스를 접한다. 지인들의 소식도 접한다. 그러고 나서 내 이야기를 쓰기 위해 한글 파일을 띄운다. 전업 20년 차라지만 여전히 곧바로 쓰던 작품 속으로 빨려 들어가지 못한다. 언제나 첫 문장을 쓰기 위한 버퍼링이 있다. 뜸 들이기, 주저하기, 머뭇거리기가 계속된다. 인터넷을 켜고 딴짓도 하고 음악도 들으며 빈둥거린다. 그러다 안 되겠다 싶으면 책상에서 벗어나 방을 나선다. 레지던시를 한 바퀴 돌며 경비원이라도 되는 듯 어슬렁거려 본다. 오늘 뭘 써야 하지? 어디까지 쓰면 되지? 어제 작업은 다시 생각해 봐야 하지 않을까? 자연스레 작품에 대한 구상을 머릿속에 굴리며 다시 숙소로 돌아온다. 어제 쓴 부분을 읽는다. 그리고 용기를 내 글쓰기를 시작한다. 한 장 정도 쓰고는 숨을 고른다. 오늘 중 첫 번째 몰입이 끝났다.

짧은 몰입의 작업만으로도 벌써 지친다. 생각도 더 나지 않는다. 일어나 짐을 챙겨 다시 방을 나간다. 레지던시를 나가 지하철을 타고 레티로 공원으로 향한다. 마드리드의 허파 레티로 공원에 도착해 가슴에 신선한 바람을 잔뜩 품어 본다. 세 마리 각각 다른 견종의 개를 데리고 산책하는 스페인 할아버지를 스쳐 지나간다. 돌아서 개들을 바라본다. 개들을 보면 언제나 행복하다. 그들이 행복을 나눠주기 때문이다. 벤치에 앉다가 공원 잔디밭에서 비키니만 입고 선탠을 하는 세뇨리타를 발견하고 놀란다. 민망함에 다시 일어나 공원 중앙에 자리한 호수 쪽으로 간다. 호수에서 보트를 타고 뱃놀이 중인 관광객들을 바라본다. 저기는 프랑스 커플, 저기는 일본 커플, 저기는 음, 북유럽 국가 중 어딘가의 사람들. 그렇게 어슬렁거리다 보면 몸도 풀리고 마음에 여유도 생긴다. 오전 작업에 있었던 부담이 좀 누그러지고 생각도 다시 여물어 가는 게 느껴진다.

지하철을 타고 작업실로 돌아와 다시 한 장 정도를 쓴다. 마저 쓰려고 했으나 피곤함이 몰려온다. 그래, 이곳은 마드리드. 나는 현지인과의 동화를 위해 시에스타를 청한다. 한두 시간 정도 잠에 빠져든 뒤 일어나 하품을 하고 물을 마시고 몸을 다시 활성화시킨다. 책상에 앉아 한 장을 마저 써보려 하나 잘 되지 않는다. 일어나 방을 나간다. 동네 까르푸 익스프레스에 가서 저녁에 먹을 식량과 와인을 확보한다. 방에 와 식량을 쟁여

두니 의욕이 난다. 마저 다 써야 저걸 먹을 수 있다. 먹이가 네 등 뒤에 기다리고 있고, 까바 브뤼가 냉장고에서 시원해지고 있다. 어서. 어서. 마지막 한 장은 그렇게 음식을 포상으로 걸고 꾸역꾸역 써 나간다. 결국 오늘 쓰기로 한 A4 석 장을 채웠다.

식량과 와인을 먹으며 일과를 정리한다. 노트북으로 음악도 듣고 스페인 TV에서 해 주는 프리메라리가도 시청하며 오늘 쓴 글에 대해서 잊으려고 시늉한다. 쉽지 않다. 작가의 강박은 생활에 닿아 있어 늘 다음 스텝을 고민하게 만든다. 하루 석 장. 하루 석 장만 써도 성공한 일과다. 그렇게 한 달이면 아흔 장짜리 이야기가 완성된다. 아흔 장짜리 이야기란 장편소설 한 권 분량이다. 물론 그 아흔 장짜리 이야기는 180장이 될 수도 있고, 같은 분량으로 열 번 고쳐질 수도 있다. 그러기에 시간이 걸리고 숙성이 필요하다. 적어도, 나는 하루 석 장을 피아노 연습하듯 쓸 따름이다. 나는 그런 걸 마감이라고 부른다.

내 완성된 소설에 오늘의 습작 중 한 장이 들어갈지 한 문장이 들어갈지 아무것도 써먹지 못할지는 여전히 알 수 없다. 나는 다만 글 쓰는 인간의 일상을 가동했을 따름이다. 솔직히 완성도는 형편없을 것이다. 좀 잘 쓴 듯한 날은 술이 달 것이고, 좀 엉망인 날은 쓴맛에 먹는 술이 될 것이다. 어쨌거나 나는 고칠 수 있는 원고를 가진 사람이 됐다. 나는 그런 이를 작가라고 부른다.

21
오래된 미로를 지나면

지금 나는 톨레도 외곽을 한 바퀴 도는 '소코트랜'이라 명명된 관광용 꼬마 기차에서 입을 벌린 채 소리 없는 탄성을 내뱉는 중이다. 이 웅장한 자태를 자랑하는 중세 성곽도시와 그 도시를 감싼 타호강의 아름다움을 보고 있자니 오디오 가이드 기계의 어설픈 한국어 말투조차 사랑스럽게 느껴질 지경이다. 카스티야 왕국의 수도로서 정치 및 상공업 중심지로 융성했던 도시. 가톨릭, 이슬람, 유대교의 유산이 공존하는 도시. 구시가지 전체가 유네스코 세계문화유산인 고도古都. 톨레도는 한마디로 스페인 중세 시대의 정수를 모아 담은 거대한 항

아리 같은 느낌이다.

그런데 바야흐로 발동된 집필 모드는 어떻게 하고 여기 왜 왔죠? 이유는 단순하다. 날씨가 좋아서. 톨레도는 마드리드에서 버스로 한 시간 10분 거리다. 그런데 최근 계속 비가 왔다. 비가 오거나 오는 척하거나 올 태세가 한 주 내내 지속됐다. 그리하여 모처럼 맑은 금요일 아침 하늘을 보자마자 나는 톨레도행 버스가 출발하는 마드리드 남쪽 버스 터미널을 향해 뒤도 안 돌아보고 나섰다.

물론, 당연히, 톨레도 방문 역시 돈키호테 추적기의 연장선상이다. 집필을 미루고도 수행해야 할 작업이다. 톨레도 역시 세르반테스가 머물렀던 도시고 돈키호테의 기원에 관한 내용이 나오는 도시이기 때문이다. 돈키호테 1권을 보면 141페이지에서 142페이지에 걸쳐 이러한 대목이 나온다.

"어느 날 톨레도의 알카나 시장에 나갔더니 한 소년이 비단 장수에게 잡기장이며 낡은 서류 뭉치를 팔기 위해 나와 있었다. 나라는 사람은 길바닥에 찢어진 종이라도 읽는 천성을 지닌 인간인지라 그 소년이 팔겠다고 하는 잡기장 한 권을 집어 들어 봤는데 거기에는 아랍 글자가 쓰여 있었다. 아랍 글자인 것은 알겠는데 읽을 수는 없어서 근처에 에스파냐어를 아는 무어인이 없을까 하고 주위를 두리번거렸다. …… '둘시네아 델 토보소'라는 이름을 듣자마자 나는 멍해지고 말았다. 이 잡기장에 돈키호테 이야기가 적혀 있다는 생각이 번뜩 스쳤던 것이다. 그래서 나는 그에게 빨리 첫 부분을 읽어 보라고 독촉했다. 그는 시키는 대로 즉석에서 아랍 말을 에스파냐 말로 번역해 읽어 줬다. 《아라비아의 역사가 시데 아메테 베넹헬리가 쓴 돈키호테 데 라만차의 이야기》. 이 책의 제목이 내 귀에 와 닿았을 때 나는 주체할 수 없는 기쁨을 감추느라고 무진 애를 써야 했다."

이것이 《돈키호테》 속 세르반테스가 아랍 작가 '시데 아메테 베넹헬리'가 쓴 《돈키호테》를 발견하는 장면이다. 액자소설 구조를 이루는 액자의 틀 같은 부분이고, '길바닥에 찢어진 종이라도 읽는 천성을 지닌 인간'이란 세르반테스 자신에 대한 소개가 나오는 지점이며, 동시에 작가의 능청미가 한없이 돋보이는 장면이다. 그리고 이 장면으로 작가가 설계한 공간이 바로 톨레도다. 돈키호테 이야기를 쓰는 작가로서 도저히 세르반테스가 《돈키호테》를 발견했다고 언급하고 있는 톨레도를 방문하지 않을 수 없는 노릇이었다.

이게 내가 한국인과 중국인 단체 관광객들로 가득한 꼬마 열차에서 그들과 일행으로 보이지만 일행이 아닌 이유다. 단순 관광객이 아닌 톨레도에서도 돈키호테를 추적하는 임무를 포기하지 않는 미션 수행자의 태도를 간직하고 있는 중이다.

＊

사실 톨레도에 오기 전 하루를 또 허비한 일이 있었다. 이것은 톨레도 방문을 위해서뿐 아니라 이즈음 생존의 필수품을 구비하기 위한 노력이었다. 9월 1일 마드리드에 도착한 나의 트렁크에서 가장 두꺼운 옷은 얇은 점퍼 한 벌이었다. '추우면 현지에서 사 입자'가 모토였기에 트렁크를 비워 온 것이다. 아시다시피 스페인은 자라를 비롯해 망고, 데시구엘 등의 스파 브랜드가 넘치는 곳이고 프라이마크, H&M, 베네통, 루이뷔통 같은 유럽연합의 브랜드 매장도 한국보다 가벼운 지갑으로 방문할 수 있는 곳이다. 나는 날이 쌀쌀해지는 대로 점퍼, 재킷, 슈트, 코트 등 뭐라도 좋으니 현지에서 입다가 한국에 돌아가도 겨울까지 날 수 있는 아우터 하나를 구입하기로 마음먹었다.

하지만 10월 중순까지도 반바지에 반팔 티를 입고 거리를 활보할 수 있는 마드리드의 날씨는 겨울까지 날 수 있는 아우터를 사기엔 애매했고, 일교차로 인해 추워지는 저녁엔 가능하면 외출을 자제했기에 딱히 아우터가 필요하지 않았다.

하지만 11월이 되자 사정이 달라졌다. 게다가 비까지 왔다. 노벰버 레인이 내리자 마드리드는 추워지기 시작했고, 나는 시내에 나갈 때마다 옷 가게를 두리번대기 시작했다. 그리고 내린 결론은……. 프라이마크, 싼 이유가 있다. 자라, 한국에선 멋 내려고 사 입던 브랜드였는데 현지에 오니 왠지 싸 보이는 게 아닌가?(실제 한국보다 가격이 싸서인가?) 망고와 데시구엘도 역시 같은 이유로 아쉬웠다. 그나마 기대한 H&M이 좀 나았지만 스웨덴 브랜드여서인가? 한국 아재 체형의 내게는 온통 길기만 했다.

그래서 겨울 아우터 구매 미션은 점점 난항에 빠져들었고 추위는 한층 다가왔으며 그 좋아하는 노벰버 레인이 야속할 지경이 될 찰나 '통'으로 끝나는 남은 두 군데 중 유일한 희망(루이비통은 열외입니다. 이유는 없습니다)인 베네통으로 향했다. 그리고 베네통에서 다행히 마음에 드는 가성비 코트를 한 벌 발견할 수 있었다.

그리하여 해발 5백 미터 고지가 넘는 요새이자 쌀쌀한 바람이 맴도는 성곽도시 톨레도에 새로 산 코트를 휘적이며 찾아온 것이다. 좋았다. 따뜻하고 폼도 났다. 꼬마 열차로 도시 전체의 외곽과 전망을 섭렵한 뒤 나는 중세 거리가 그대로 재현되고 있는 톨레도 구도심을 걷기 시작했다. 이곳에 잡기장을 파는 소년이 있다면, 그리고 그 소년이 《돈키호테》의 흔적이 남은 뭔가를 팔고 있다면, 코트를 팔아서라도 그걸 사야겠지. 나는 그런 생각을 하며 세르반테스가 이 도시에서 살면서 꿈꿨던 이야기와 이야기의 분위기를 찾아 거리를 오갔다.

그런데 톨레도는 길을 잘 찾는 나 같은 사람도 미로에 빠져들게 만드는 길고 꼬불꼬불한 소의 내장 같은 거리를 품고 있었다. 그리고 뱃속에 숨은 주요 장기처럼 가톨릭, 유대교, 이슬람교의 주요 장소가 자리해 있었고, 그들이 공존하며 벌어지는 비밀스럽고 애틋한 이야기가 숨어 있는 공간이었다. 과거가 공존하고 역사가 그윽한 이 고도에 비하자면 마드리드는 급조된 신도시에 불과했다.

아침 일찍 톨레도에 도착해 연신 쏘다닌지라 정오가 지나자 배가 고파 오기 시작했다. 하지만 식당이란 식당은 모두 관광지의 풍모를 갖춘 채 돈을 쓰고자 안달하는 외지인들을 받기 바빴고 딱히 들어가고 싶은 곳을 발견할 수도 없었다. 배고픔을 참으며 나는 《돈키호테》를 찾는 수행을 이어 나갔다. 한편으로 관광도시답게 마드리드 저리가라는 듯 돈키호테를 주인공으로 한 인형과 그림, 세공품들이 넘쳐 났지만, 어쩐지 인사동에서 부채와 장구 열쇠고리를 사는 것 같은 기분이 들어 심히 주저됐다.

구도심을 벗어나 중심지의 소코도베르 광장으로 돌아왔다. 그리고 전망이 트인 곳을 향해 걷던 와중에 계단 아래 자리한 어떤 동상의 뒷모습을 발견할 수 있었다. 오! 확실히 그의 뒤태였다.

세르반테스 동상에게 다가간 나는 그를 향해 톨레도에서의 재회를 반가워하며 물었다.

"나의 테스 형! 이렇게 또 뵙게 되네요. 그런데 여기 혹시 현지 맛집 없나요?"

만들어진 지 오래되지 않아 그동안 본 것 중 가장 세련되고 늠름한 풍모를 갖춘 세르반테스 동상은, 말이 없었다. 돈키호테를 찾아 어디를 가든 홀연히 나타나 나를 맞아 주고 조언과 격려 그리고 명령을 아끼지 않던 청동 세르반테스가 이번에는 아무런 말이 없었다. 대신 이제 됐으니 그만 하산하거라, 하는 표정이었다.

그렇다. 하산의 때가 다가오고 있었다. 나는 톨레도 세르반테스 동상과 함께 사진을 찍은 뒤, 허기를 억누르며 마드리드행 버스에 올랐다.

22
아스타 루에고 Hasta Luego

마드리드에서의 일주일. 귀국까지 정확히 일곱 개의 요일만이 남았다. 생각해 보니 마드리드가 그동안 살면서 가장 오래 체류한 외국 도시에 당당히 등극됐다. 이제 남은 일주일 동안 집필에 힘을 기울일 것인가? 사실은 여전히 추적과 구상이 주 업무고 집필은 작품의 얼개를 조금 정리했을 뿐이다.

2000년대 초, 이제는 사라진 비디오 가게라는 공간에 '돈키호테 비디오'라는 이름을 붙이기로 했다. 그 비디오 가게에는 스스로를 돈키호테라 칭하는 주인아저씨도 있고, 각각 산초, 로시난테, 둘시네아라고 불리는 중학생 친구들도 있다. 그렇게 이름 붙여서일까? 돈키호테같이 못 말리는 주인아저씨를 따라 친구들은 책과 영화를 보고, 모험과도 같은 여행을 다니고, 막연하지만 동경할 만한 미래의 꿈을 좇는다. 그로부터 15년 뒤, 이제 성인이 된 산초와 로시난테, 둘시네아 등은 지하실에 흔적만 남은 비디오 가게를 두고 종적을 감춘 돈키호테 아저씨를 찾아 나서게 된다.

이 이야기를 뭐라 불러야 할까? 비디오 천국? 돈키호테 비디오? 돈키호테를 좇는 모험? 불가능한 꿈을 찾아서? 돈키호테를 찾습니다? 아직은 모르겠다만, 제대로 된 제목을 정하고 나면 쓸 수 있을 것이다. 본격적인 집필을 시작할 수 있을 것이다.

스페인에서 석 달을 보내며 얻은 건 제목을 정하지 못한 이 이야기의 줄거리가 전부다. 취재? 추적? 구상? 모험? 이 모든 게 집필의 자양분이 될 건 분명하지만, 그 역시 이곳에서의 최고 성과는 아닐 것이다.

이곳에서의 3개월은 내가 다시 소설을 쓰도록 만들어 줬다. 돈키호테를 찾으며 배운 건 그 대책 없는 용기와 신념이었다. 세르반테스를 좇으며 느낀 건 생을 향한 불굴의 의지와 어떤 상황에도 포기하지 않는 집필

욕이었다. 사람들은 보이지 않는 것을, 손에 잡히지 않는 이익을 믿지 않으려 하지만 결국 《돈키호테》에 담긴 수많은 무형의 가치들은 우리를 뒤흔들었다. 그래서 그 책은 인류의 고전이 됐다. 나는 스페인에 와서 그 가치들을 온몸으로 받아들였고 다시 모험할 용기를 획득했다.

생각해 보니 20년을 쉬지 않고 썼다. 소설가로 데뷔한 뒤에는 2년 간격으로 장편을 세 편 발표했다. 나도 모르게 번 아웃이 왔을 것이다. 현실적으로도 소설을 쓰기 어려웠다. 바로 그 타이밍에 얻은 마드리드의 작업실과 세르반테스의 유산이 지친 나를 다시 일으켜 세웠다.

무챠스 그라씨아스, 미스터 세르반테스.

한국에 돌아가는 그 즉시 돈키호테처럼 쓸 것이다. 소설가의 모험을 재개할 것이다. 그러니 남은 일주일은 놀도록 하자. 그동안 가보지 못한 남은 마드리드의 숨은 명소를 찾아갈까? 아니면 세고비아나 쿠엥카 같은 근교 도시를 다녀올까? 혹은 이 도시에서 가장 좋았던 나만의 장소를 다시 방문하며 가을 추수하듯 추억을 쓸어담을까?

모두 발걸음을 가볍게 하는 계획이다. 힙하디 힙한 말라사냐 거리도 마음껏 걷고 싶고 마요르 광장 골목의 깔라마리 맛집도 다녀와야 한다. 나의 최애 시장인 살라망카 거리의 빠스 시장도 다시 가고 싶고 레티로 공원에서 낙엽을 밟으며 늦가을도 만끽하고 싶다.

*

　오늘은 소로야 미술관으로 향한다. 지난번 레이나 소피아 국립미술관에서 나는 소로야의 작품에 홀딱 반해 버렸다. 그리고 그의 미술관이 레지던시에서 걸어서 10분 거리에 있다는 사실을 알게 됐다. 그 주 일요일(일요일에는 입장 무료)에 한 번 방문한 뒤 나는 이 미술관의 소박한 아름다움에 흠뻑 빠져들었다.

　발렌시아 출신의 인상파 화가 호아킨 소로야의 작품과 그의 소장품을 전시하고 있는 미술관 건물은 화가가 생전에 거주했던 우아한 저택을 재단장해 완성됐다. 미술관으로 들어서면 소로야가 직접 설계했다는 안달루시아풍의 정원이 단아하게 나를 맞이한다. 작은 분수와 싱그러운 식물들과 그 사이 벤치들이 잠시 쉬어 가라한다. 계단을 올라 저택으로 들어가면 그의 그림이 벽지인 양 채워진 방들이 등장한다. 소로야의 그림에 둘러싸여 한동안 방을 빙글빙글 돌며 감상한다. 발렌시아 해변의 파도가 철썩이고 그 해변을 오가는 여자들과 물장구치는 아이들과 동물들이 그의 캔버스에서 살아 역동하고 있다.

소로야의 작업실로 쓰였던 가장 큰 방에 들어서면, 그가 죽기 바로 전까지 작업하던 캔버스가 주인을 잃은 붓들과 함께 놓여 있다. 화가의 작업실은 소설가의 그것과 별로 다르지 않아 보인다. 그의 잘생긴 옆모습이 돋보이는 조각상을 보며 작가의 자존심에 대해 생각한다. 그리고 돌아서면 소로야의 아름다운 부인이 바다를 배경으로 선 채 남편을 향해 지긋이 시선을 고정하고 있다. 소로야의 수많은 작품의 모델이자 이 저택의 기증자이기도 한 클로틸데 가르시아 델 카스티요Clotilde Garcia del Castillo는 남편의 붓끝에서 살아나 이곳을 찾은 후세인들이 아름다움과 사랑에 대해 한동안 생각하게 만들어 준다.

소로야의 세계에 머물다 빠져나온 나는 걸어서 까르푸로 향한다. 레지던시에서 가장 가까운 이 가게를 참

새 방앗간처럼 드나들며 맥주와 와인, 하몽과 감자칩을 공수했다. 오늘도 빠질 수 없다. 밤 풍경을 보며 마시기 좋은 2~3유로 싸구려 까바는 한국에선 절대 만날 수 없다. 한편 얼마 전 마드리드 사람들을 한마디로 정리하는 글귀를 기념품 티셔츠에서 발견했는데, 큼직한 하몽과 함께 적힌 글귀는 이것이었다. 'Jamon Eater' 그래. 하몽을 먹자. 역시 한국에선 비싼 이베리코 하몽을 값싸게 구매한다. 농산물이 싸고 좋은 스페인에서도 올리브와 감자는 으뜸이다. 그 올리브로 튀겨 만든 감자칩 역시 하나라도 더 먹어야 한다.

까르푸에서 장을 보고 마라뇬 광장에 다다른다. 마라뇬 광장에 서면 절로 마음이 편해진다. 레지던시에서 가장 가까운 광장이고 동명의 지하철역이 초기 마드리드 생활의 허브였기 때문이다.

지하철역 벽에서 그레고리오 마라뇬_{Gregorio Marañón}의 사진과 소개를 본 적이 있다. 거기엔 '휴머니스타'라고 적혀 있었다. 휴머니스트라고 불린 그는 과연 어떤 위인일까 구글에 검색해 보니 1900년대 초 스페인의 의사이자 과학자, 역사가이자 작가 및 철학자라고 나왔다. 이론의 여지가 없이 그는 르네상스형 휴머니스트였고 나는 마라논 광장을 지날 때마다 칭송하는 의미로 그의 이름을 되뇐다. 그레고리오 마라논, 그레고리오 마라논. 그럼 기분이 다시 좋아지고 나조차 휴머니스트가 된 듯하다.

마라논 광장을 지나 5분 정도 걸어 레지던시로 돌아온다. 326호, 내 방. 내 작업실. 내 거처. 이 작고 아담한 공간에서 지난 석 달간 무작정 돈키호테를 쫓으며 이야기를 짜냈다. 세르반테스가 세비야의 감옥에서 시대착오적인 기사도 정신으로 무장한 이달고를 떠올렸듯이 나 역시 이곳을 글 감옥 삼아 21세기 자본주의 시대에 어울리지 않는 정신 상태로 대한민국 거리를 방랑하는 그를 떠올렸다.

점심을 먹으러 간다. 내 친구 호세가 반긴다. 미리 사진으로 찍어 놓은 오늘의 메뉴를 살피며 스페인어로 주문한다. 프리메로는 베렌헤나스 레예나스 데 아툰(참치를 넣어 구운 가지 요리), 세군도는 바칼라우 콘 콘피투라 데 토마테 이 아쎄이투나스 네그라스(염장 대구에 토마토와 블랙 올리브 곁들임). 포스트레는 타르타 데 알멘드라스(아몬드 타르트). 이제 주문은 쉽다. 음료는 뭘로 할 거냐는 질문엔 우나 코파 데 비노 비앙코(화이트 와인 한 잔).

주문을 받은 호세가 엄지를 올리며 사라지고 나는 홀로 식탁에 앉아 빵을 뜯으며 다시 오늘 써야 할 이야기에 대해 생각한다. 딱딱하고 둥근 레지던시 식당의 빵을 뜯을 때마다 산초 판사가 쟁여 놓은 돈키호테와 그의 식사가 떠오른다. 소설 속에서 산초 판사는 그 빵으로 적을 공격할 수도 있다고 했다. 그에 비하면 레지던시의 빵은 겉만 딱딱하지 속은 부드럽고 촉촉하기 그지없다.

점심 정찬을 먹는다. 혼자 맛있게 이곳의 물산으로 건강하게 차려진 식탁을 섭렵한다. 한국에서라면 꽤 값나갈 요리를 감사의 마음으로 남기지 않고 꼭꼭 씹어 먹는다. 10월 중엔 식사에 소홀했다. 하지만 11월이 지나면 지날수록 끼니를 거르지 않고, 살찔 것에도 구애받지 않고 먹는다. 스페인을 느끼는 가장 좋은 방법인 그들의 수려한 음식 문화, 그걸 맛보는 데 충실할 따름이다. 어느새 호세가 내 빈 잔을 보고 다가와 와인을 채워 주며 싱긋 웃는다. 나도 웃는다. 원래는 한 잔만 제공되고 더 마시면 금액을 받아야 하지만 호세는 전혀 그럴 생각이 없다. 술꾼들의 웃음이자 공모다.

식사를 마친 나는 열심히 일하는 호세에게 눈인사를

건네고 식당을 나선다.

＊

레지던시 앞마당으로 나오니 바람이 차다. 옷깃을 여미
며 마당을 서성인다. 아름다운 정원과 100년이 넘은 갈
색 벽돌 건물을 돌며 저 너머 정부 건물 깃대에서 펄럭
이는 노랗고 붉은 스페인 국기를 바라본다. 저 노랑만
큼 쾌활한 스페인 사람들이고 저 붉음처럼 뜨겁고 거친
이베리아 땅덩어리다. 이곳에 서서 그들과 나눈 석 달
이란 시간이 나를 소설가로 다시 설 수 있게 해 줬다. 재
도전하는 작가로 만들어 줬다. 붉은 열정을 지니고 노
란 명랑함을 잃지 않으며 내가 싸울 투우장을 향해 돌
진하라 말한다.

작업실에 들어온 나는 책상에 앉아 눈앞에 어른거리
는 커다란 황소 한 마리와 마주한다. 돈키호테의 뿔과
산초 판사의 덩치에 둘시네아의 화려함과 로시난테의
콧김이 불끈대는, 세르반테스의 환영이 눈동자에서 터
져 나오는 큰 황소 한 마리와 맞선다. 나는 너를 쓸 것
이다. 마침내 나만의 돈키호테 이야기를 품고 이 아름

다운 도시를 떠날 것이다.

아디오스 Adios.

노 No.

아스타 루에고 Hasta Luego.

VI.

2023년 가을. 스페인. 맑음.

MIGUEL DE CERVANTES

- 4년 뒤 -

23

from 밀라노 to 마드리드

2023년 10월. 나는 지금 밀라노 리나테공항 커피숍에서 에스프레소 더블을 마시며 지난 일주일간의 이탈리아 체류 일정을 돌아보는 중이다.

일주일 전 오늘 아내와 함께 인천공항에서 로마행 비행기를 탔고, 로마 레오나르도 다빈치공항에서 환승해 피렌체 페레톨라공항에 도착했다. 이미 늦은 밤이라 피렌체 시내로 들어와 1박 한 뒤 다음 날 아침, 다시 아내와 함께 시에나행 버스에 올랐다.

시에나.

토스카나 지방의 고도이자 역사 지구 전체가 유네스

코 세계문화유산인 도시. 이웃 도시 피렌체와의 경쟁에서 밀려 개발이 더뎌진 덕에 오히려 중세도시의 모습이 잘 보존돼 있다는 이곳에 도착했다.

여장을 푼 우리는 시에나 외국인대학교로 향했다. 이 대학교 한국학과의 정임숙 교수님은 올해 《불편한 편의점》의 한 챕터를 교재로 수업을 진행했다. 그녀는 마지막 수업 때 학생들과 작가와의 만남을 주선했고, 그게 내가 시에나로 날아온 이유다.

시에나란 도시에 내 소설에 대한 특강을 하러 올 줄 어찌 알았겠는가? 1999년 배낭여행 중 반나절 머물다 간 고색창연한 도시로만 기억하던 이곳에, 내 소설을 공부한, 한국어를 읽을 줄 아는 이탈리아 학생들을 만나러 올 줄은 정말이지 몰랐다. 그리고 아내가 내 모든 일정과 대외 업무를 담당하는 회사를 차리고 '김 대표'가 될 줄도 몰랐다. 내가 아내 회사의 유일한 소속 작가가 돼 이렇게 김 대표(앞으로는 김 대표로 칭하겠다)와 함께 출장길에 나선다는 것 역시 꿈에도 몰랐다.

사실 우리가 미래에 대해 아는 게 뭐가 있겠나. 물론 과거의 일에 대해 아는 것도 쉬운 일은 아니다. 내가 겪은 일이라고 그 맥락과 진위를 정확히 파악할 수 있다는 생각은 위험하다. 미래는 모르겠고 과거도 불명확하니 오직 현재 지금의 나만 바라볼 뿐이다.

그날 정 교수님과 학생들의 환대를 받으며《불편한 편의점》의 특강을 진행했다. 작품을 구상하고 쓰게 된 이야기를 나눴고, 학생들의 조별 발표를 경청했고, 작품과 작가에 대한 많은 질문에 답했다. 학생들의 책과 노트에 사인을 해줬고 함께 사진을 찍었다. 놀라우리만치 한국어를 잘하는 학생들에게 감탄해 마지않았으며, 오늘 이 수업이 한국 문학과 한국 사회를 이해하는 데 도움이 되기를 바란다는 말로 강연을 마쳤다.

지금도 학생 한 명의 질문이 계속 머릿속에 맴돌고 있다.

"《불편한 편의점》이 한국에서 밀리언셀러가 될 정도로 큰 사랑을 받은 이유가 뭐라고 생각하세요?"

나는 잠시 뜸을 들인 뒤 이렇게 답했다.

"글쎄요. 출판사와 저 역시 계속 연구 중이지만 아직도 그 답을 알아내지 못했습니다."

해맑은 웃음들. 그 뒤에 이어지는 진심으로 궁금하다는 눈빛들.

나는 내 다섯 번째 소설이 수많은 한국 독자들에게

사랑을 받게 된 과정을 담담하게 설명했다. 학생들은 이해하는 듯하면서도 뭔가 더 극적인 모멘텀에 대해 궁금해하는 투였다. 가령 세계적인 K-POP 밴드의 일원이 이 책을 인증했다거나, 한류 스타 누군가가 인터뷰에서 이 책을 언급했다거나. 국내외 저명한 문학상을 수상했다거나.

나는 그런 명쾌한 답은 제시할 수 없었다. 그리고 여전히 머릿속에 질문을 머금은 채 궁리하고 있다. 이 큰 사랑이 어떻게 시작됐으며 어떻게 그 사랑을 받아안아야 하는지에 대하여.

＊

시에나에서의 일정을 마친 우리는 다시 피렌체로 가 오후를 보낸 뒤 이탈리아의 KTX인 '이탈로'를 타고 밀라노로 향했다.

김 대표와 나는 밀라노 대성당을 관람하고 밀라네제와 오소부코를 먹고 나빌리오 운하에서 아페롤을 마시며 석양을 감상했다. 빨래를 일일이 개켜 주시는 밀라노 빨래방 할머니에게 팁을 드렸고, 밀라노의 '빽다방'

처럼 보이는 프랜차이즈 카페에서 이탈리아에 존재하지 않는다는 아이스 아메리카노도 먹어 봤다. 대성당 부근 대형 서점에 들러 내년이면 이곳 매대에 놓일《불편한 편의점》이탈리아판의 모습도 그려 봤다.

《불편한 편의점》은 23개국에 판권이 판매돼 2023년 현재 8개국에서 출간됐다. 이탈리아판과 스페인판은 내년 상반기 출간 예정이다.

탑승 시각이 됐고 비행기에 오른다. 4시간 남짓의 짧은 비행으로 알 이탈리아 항공의 비행기가 향하는 곳은 스페인, 마드리드다. 마드리드 바라하스공항에 내리면 우리는 바로 우버를 불러 알칼라 데 에나레스로 향해야 한다. 오늘은 10월 8일. 내일은 세르반테스가 태어난 날이자 축제의 하이라이트다.

나는 한국에서 쓰다 온 신작 소설에 대해 생각한다. 흔히 말하는 '막초고'를 끝낸 그 소설에 이번 취재를 더해 연말까지 제대로 된 초고를 완성해야 한다. 작품의 제목은《나의 돈키호테》. 4년 전 스페인 마드리드의 레지던시에서 구상했던 바로 그 이야기다. 물론 4년이란 시간 동안 이 작품에만 매달린 건 아니다. 그 4년은 나 자신에게 있어서도 대한민국과 지구촌 곳곳에 있어서도 큰 변화에 직면했던 시기였다.

*

2019년, 스페인에서 귀국한 12월 초. 막막했다. 《나의 돈키호테》를 출간 계약해 줄 출판사는 어디에도 보이지 않았다. 하반기에는 수입 활동이 전혀 없었고 스페인 체류 비용만 나간지라 가정 경제는 바닥을 치고 있었다. 분주히 시나리오 집필 일감을 구하려고 애썼으나 이마저 여의치 않았다. 그리고 닥친 2020년 1월, COVID-19가 창궐했고 영화계는 직격타를 맞았다. 내 주업인 시나리오 일감은 품절된 마스크만큼이나 구하기 힘들어졌다.

마치 스페인에서 잘 놀다 왔으니 이제 한번 고생해 보거라, 라고 누군가 떠미는 듯했다. 답답했다. 지난해 《파우스터》가 독자들의 외면을 받은 뒤 좌절했던 그때와 달라진 게 하나도 없다고 느꼈다.

죽으라는 법은 없는지 다행히 한 영화사의 의뢰로 시나리오 작업을 맡을 수 있었다. 나는 필사적으로 시나리오를 썼다. 코로나 상황이라 작업실에 틀어박혀 일만

하기 좋은 환경이었다. 확진이 되면 일을 못한다는 생각에 사람도 만나지 않았고 대중교통을 피해 작업실까지 걸어서 출퇴근했다.

작업 의뢰 기간보다 빨리 마감을 한 뒤 남는 시간에 소설을 써야 했다. 생각해 보니《파우스터》출간 이후의 절망적인 상황과는 다른 점이 하나 있었다. 소설을 쓰고 싶다는 열망이 뱃속에서 횃불처럼 타오르고 있다는 것이었다. 그러고 보니 스페인에서 돈키호테를 쫓고 세르반테스를 따르며 나는 소설을 썼다기보다는 소설을 쓰겠다는 결심을 썼다.

데뷔 후 2년 간격으로 장편소설을 출간했다. 무조건 2년에 한 편은 작품을 공개해 독자들의 꾸준한 관심과 인정을 얻어야 한다고 마음먹었었다. 그렇다면 2021년인 내년에 새 소설이 나와야 한다. 나는 (독자들은 모를) 독자들과의 약속을 지키기 위해 올해 꼭 소설 한 편을 완성하고 싶었다. 하지만 작품의 내용과 볼륨이 두터운《나의 돈키호테》를 작업하기엔 시간과 금전적 여유가 턱없이 부족했다.

플랜 B를 가동했다. 스페인에 가기 전 머문 토지문학관에서 손을 댔다가 멈춘 소설을 먼저 쓰기로 했다. 그 작품이라면 시나리오 작업을 하며 틈틈이 완성할 수 있을 듯했다. 이미 구상이 완료돼 있었고, 초반 집필을 시작해 뒀으며, 지금 같은 코로나 시국에 지친 사람들에게 따뜻한 위로를 줄 이야기라고 여겨졌다.

하지만 이 작품 역시 계약해 줄 출판사를 찾을 수 없었다. 함께할 출판사가 없다는 건 '계약금'도 '마감'도 '출간의 보장'도 없다는 뜻이고, 데뷔 후 한 번도 계약 없이 소설을 써본 적 없는 나로선 주저되는 일이었다.

그래도 그냥 썼다.

＊

2020년 말, 생계를 위한 시나리오를 쓰며 틈틈이 작업한 그 소설을 완성했다. 평소 내가 즐겨 쓰던 동네 소시민들의 이야기였다. 마침 《망원동 브라더스》와 《연적》을 출간했던 출판사 나무옆의자 대표님과 연말 안부를 나누다가 소설은 더 안 쓰시냐는 질문에 원고 하나 완성한 게 있는데 검토해 보시겠냐고 되물었다.

나무옆의자 대표님은 그 원고를 원했고 나는 작품을 보냈다. 그리고 다음 주 계약을 하자는 답이 돌아왔다.

2020년 12월 중순 경이었다.

계약을 하고 4개월이 지난 2021년 4월, 내 다섯 번째 소설이 출간됐다.

도시의 밤이 담긴 표지. 왠지 따뜻해 보이는 밤거리 정경 속에 어떤 등 돌린 사내가 편의점 앞을 청소하고 있다. 그 옆에는 플라스틱 의자에 앉은 단정한 인상의 할머니가 가만히 정면을 응시하고 있다.

《불편한 편의점》이란 제목을 달고 나온 그 소설은 내 대표작이 됐다. 독자들의 크나큰 사랑을 받아 후속편까지 집필해야 했다. 마치 세르반테스가 독자들의 큰 사랑 속에 《돈키호테》 2편을 쓴 것처럼, 나 역시 2편을 집필할 기회를 영광이라 여기고 썼다.

《불편한 편의점》1·2편과 함께 한 2년의 시간이 후딱 지나고 나자 2023년이었다. 나는 다시 오랜 친구와 재회하듯 돈키호테를 만나야 했다. 마침내 돈키호테에 대해 쓸 시간이 돌아온 것이었다.

2019년 11월 말에 멈춰 있던 파일을 열었다. 집필을 재개했다. 2023년 1월이었다. 나의 다섯 번째 소설이 되려다 일곱 번째 소설이 될 작품을 써 내려갔다. 바로 지난주까지.

비행기가 곧 마드리드 바라하스공항에 착륙한다는 스페인어가 귀를 때린다. 반가운 스페인어에 나도 모르게 몸이 리듬을 탄다. 나는 창밖으로 보이는 갈색 대지를 보며 혼잣말한다.

Hola.

24

다시, 돈키호테를 찾아서

마드리드 바라하스공항은 이제 김포공항만큼이나 친숙
하다. 시내와 공항 간 거리도 서울과 김포공항 정도다.
조사한 바에 따르면 바라하스공항과 알칼라 데 에나레
스의 거리도 비슷하다. 김 대표는 우버 전용 탑승 지역
으로 가 앱으로 차를 부른다. 우버가 곧 도착하고 우리
는 배낭을 트렁크에 실은 뒤 탑승한다. 이민자로 보이
는, 말수 적지만 친절한 운전자의 차를 타고 30분 정도
달리자 곧 도시가 모습을 드러냈다. 알칼라 데 에나레
스다.

《나의 돈키호테》에서도 같은 방식이다. 라만차 클럽

은 공항에 내려 렌트카를 타고 바로 알칼라 데 에나레스로 이동한다. 나는 작품 속 상황을 떠올리며 이동 시간과 차량 동선을 체크한다. 그리고 다음 취재 장소에 주목한다. 파라도르다.

파라도르는 스페인 정부 주도로 고성古城과 수도원을 개조해 만든 국영 호텔 체인이다. 주로 문화·예술·역사적 가치가 풍부하고 자연 환경도 훌륭한 곳에 자리하고 있다.

2019년 세르반테스 축제를 취재할 때는 축제에 온통 정신이 빠져 정작 이 특별한 공간을 살펴보지 못했다. 이번 취재에선 이곳을 많이 담아 둬야 한다. 《나의 돈 키호테》 속 돈 아저씨와 라만차 클럽이 스페인에서 머무는 공간이고, 많은 이야기가 펼쳐질 배경이기 때문이다.

우버 기사는 축제 중이라 파라도르로 가는 길은 막힌 것 같다며 부근에 차를 세워 준다. 우리는 내려 배낭을 메고 걷는다. 4년 전 머물렀던 도시여서일까, 방향을 기억한 채 저절로 발이 향한다. 분주히 오가는 사람들이 차량 진입이 금지된 길을 지나 광장으로 시장으로 향하고 있다.

우리는 파라도르 앞에 선다. 여전히 근사해 보이는 이 도시의 파라도르는 반가운 숙소이자 취재 장소다.

김 대표가 여장을 푸는 동안 나는 파라도르의 복도와 휴게 장소, 카페와 식당을 오가며 취재를 진행한다. 어디에 작품 속 인물들이 머물고 어디로 동선이 이어지는지, 주인공의 감정과 상황을 떠올리며 공간을 음미한다. 이곳은 핫 플레이스로 유명한 론다나 톨레도의 파라도르에 비하면 소박하기 그지없다. 고색창연함과는 거리가 먼, 단정하게 구성된 현대식 건물이다. 엄청난 전망과 아름다운 주변 환경을 자랑하지도 않는다. 이곳의 최대 후광은 세르반테스의 생가가 10분 거리라는 점이다. 실제 김 대표는 석 달 전에 미리 이곳을 예약해야 했고 현재는 매진이다. 세르반테스 축제 기간이기 때문이다.

이제 축제의 현장으로 향한다. 모든 게 그대로다. 4년 전 그 광장의 인력으로 움직이는 놀이기구와 어린이 풀장 크기의 빠에야 판이며 통돼지를 반으로 가른 바비큐도 그때처럼 구워지고 있다. 솔이와 라만차 클럽이 목격해야 할 세르반테스 동상도 여전히 도시의 상징으로 우뚝 서 있다.

"안녕하세요. 저 또 왔어요. 이제 작품도 얼추 다 써가고요. 원고의 완성을 위해 제게 축복을 좀 내려 주시길."

"또 너냐?"

"아, 기억하시네요. 저 아직도 쓰고 있답니다. 한국판 돈키호테 소설요."

"너도 참 애쓰는구나. 그런데 내가 오늘 축제라 바쁘니까, 축복은 마드리드 가서 받도록 하여라. 요새는 스페인 광장에 주로 머물고 있으니 그리로 오라고."

"아이고, 좋은 정보 주셔서 감사합니다. 평안하세요."

마드리드의 스페인 광장은 공사가 끝났나 보군. 나는 동상에게 꾸벅 인사하고 시장 입구의 아랍 좌판으로 향한다. 먼저 도착해 팔라펠을 구입한 김 대표가 고개를 절레절레하며 나를 바라본다. 혼자 또 무슨 공상을 하고 왔느냐는 투다. 나는 팔라펠을 한 입 베어 물고 음미한다. 후무스와 양고기의 절묘한 조합이 그때 맛 그대로다.

다음날 나는 다시 낭독 공연을 감상하고 퍼레이드를 목격한다. 지난번 부족했던 취재를 보완한다. 역시 막 초고라도 초고가 있으니 취재가 추상적이지 않고 정교해진다. 이번 취재에서 가장 염두에 둔 부분은 다이어트다. 초고의 막대한 분량으로 인해 스페인 장면의 어떤 부분을 빼야 할지 고민이 많았는데, 아무래도 낭독 공연과 퍼레이드 중 하나는 빼야 할 듯했다. 내겐 특별했던 낭독 공연이지만 역시 라만차 클럽과 돈 아저씨가 직접 참여하는 퍼레이드가 작품 속에선 더 의미있다. 어떤 상황에서든 주인공은 관람객보다는 참가자가 되는 게 맞지 않는가.

작가는 자기 작품의 편집자이기도 해서 때론 이렇게 눈물을 머금고 공들여 쓴 내용을 삭제해야 한다. 포크너가 말했던가? Kill Your Darlings. 때론 예술은 절제라는 생각이 든다.

나는 이번 축제의 퍼레이드는 취재하지 않기로 한다. 관객으로 남지 않았다. 그들을 찍기보다는 그들 뒤를 따라서 함께 행진했다. 일원이 됐다. 그땐 나 혼자였지만 이젠 《나의 돈키호테》 속 캐릭터들과 함께여서다.

어느덧 이 도시를 뜰 시간이다. 이제 그립다 못해 꿈에도 나타나는 마드리드로 가야 한다. 김 대표가 우버를 부른다. 취재 여정의 진행을 담당해 주는 분이 있어 다행이다. 김 대표가 산초가 돼 나란 돈키호테의 여정을 돕는 듯하다. 이런 의견을 김 대표에게 전달했더니 콧방귀와 함께 우버 차종과 번호를 알려 주며 오는 차 잘 살피란다.

아무래도 솔이 캐릭터에 김 대표가 많이 반영된 듯하다. 나는 차도를 뚫어져라 살피며 해당 번호의 우버가 오길 기다린다.

✳

마드리드까지는 알칼라 데 에나레스의 평범한 중년 여성 기사님의 우버를 타고 왔다. 트렁크에 갓 장을 본 물건들이 있는 걸로 봐서 귀가 중 콜을 받은 듯했다. 기사님은 영어가 능숙하지 않기에 나와 김 대표와 더듬더듬 스페인어로 대화를 나눈다. 내가 세르반테스 축제에 참여하고 마드리드에 간다고 하니 적잖이 놀라신다.

커다란 배낭을 맨 채 기차를 타고 이동하지 않으니 확실히 편하다. 4년 전엔 우버를 부를 노하우도 경제적 여유도 없었으나 이제 괜찮다. 내 스스로 마드리드에 와 취재할 수 있게 된 환경에 기분이 묘하다. 감사함과 뭉클함. 나는 오직 소설 집필에만 몰두하면 된다. 출판사는 계약을 진행해 주고 소속사는 외부 일정과 집필 제반 사항을 담당해 주고 나는 작품에만 집중하면 된다. 이전처럼 모든 걸 혼자 해결해야 했다면 《불편한 편의점 2》와 《나의 돈키호테》는 쓰기 힘들었을 것이다.

차가 익숙한 대로에 접어든다. 아메리카 거리다. 단골이었던 랏츠 카페가 있던 곳에 다다르자 나도 모르게 눈이 간다. 하지만 카페의 모습을 발견할 수가 없다. 구글 지도를 열어 보니, 이런……. 랏츠 카페는 피트니스 센터로 변하고 말았다. 카페 내부의 넓은 공간을 떠올려 보면 바뀐 게 이상한 일은 아니다만 마음이 착잡하다. 친절한 알바생과 붙임성 좋은 사장님이 눈에 어른거린다. 에스프레소 토닉의 알싸한 맛도 그립다.

추억을 마저 재생하기도 전에 차는 레지던시 부근 마라뇬 광장을 지난다. 마라뇬, 마라뇬, 다시 발음해 본다. 얼마 뒤 숙소 호텔이 있는 알론소 마르티네즈 광장 부근에서 차가 멈춘다. 우리는 집으로 돌아가는 우버 기사님에게 '아디오스'라고 인사한다.

마드리드.

반드시 다시 오고 싶었던 이 도시. 고갈된 소설가의

영혼에 보급기지가 돼 준 곳. 작품의 완성을 위해서만이 아니라, 나만의 고독과 회한이 담긴 이 도시의 거리를 다시 거닐고 싶어진다. 돈키호테에 관한 소설을 몽상가처럼 꿈꾸며 온종일 헤매던 그 거리들 말이다.

4년 동안 이곳의 사람들에게 안부를 잘 전하지 못했다. 작품 진행 상황이 궁금했을 스페인 문화지원청의 아인오아에겐 아직 전할 말이 없다. 레지던시 식당의 지배인 호세에게도 연락하지 못했다. 귀국 전날 의사 딸의 사진을 보여 주며 자랑하고 자신의 명함을 건네줬는데, 마땅히 안부를 나누지 못했다. 단골 마라탕집 중국인 가족에게도 인사한다는 걸 잊었다.

주 스페인 한국문화원과는 안부를 나눴다. 나는 나예원 주무관에게 연락해《불편한 편의점》을 비롯한 내 책 몇 권을 기증하고 싶다고 전했다. 그는 감사를 전하며 취재 기간 중 반드시 한국문화원에 들려달라 부탁했다.

*

다음 날 아침, 일어나자마자 레티로 공원으로 향한다. 호텔에서 콜론 광장을 지나 15분 정도 걸어 다다른 공원은 여전히 대도시의 허파답게 푸르고 싱그러웠다. 나는 조깅화로 공원 흙을 두어 번 비빈 뒤 달리기 시작한다. 이미 공원을 달리고 있는 수많은 마드릴레뇨와 합류한다. 이 순간, 나는 다시 마드리드 사람이 된다. 3개월 남짓 체류했지만 내게 다시 에너지를 나눠준 이 도시의 햇살과 바람에 몸을 맡긴다.

레티로 공원에서 돌아온 뒤 김 대표와 함께 빠스 시장의 '까사 다니'로 향한다. 그곳의 또르띠야는 최고다. 이미 현지 맛집으로 유명해 서둘러 갔음에도 겨우 자리를 잡은 우리는 또르띠야에 마오우 생맥주를 마신다. 영락없는 그 맛에 감탄하며 작품에 반드시 또르띠야를 출연시키겠다고 마음먹는다.

오후엔 한국문화원을 방문한다. 나예원 주무관이 한결같은 친절함으로 우리를 환영한다. 그리고 새로 온 문학 분야 담당 김숙겸 주무관을 소개해 준다. 김 주무관에게 《불편한 편의점》의 스페인 판권이 팔렸다고 알리자 그녀는 어느 출판사에서 언제쯤 출간되는지 묻는다. 김 대표가 스페인 두오모 출판사에 대해 알려 주고 내년 초 출간 예정이라고 답한다. 김 주무관은 반가워하며 내년에 책이 나오면 두오모 출판사와 논의해 현지 독자들과의 만남을 도모해 보겠다고 한다. 나와 김 대표는 언제든지 환영이라고 답한다.

스페인판 《불편한 편의점》과 함께 마드리드에서 북토크를 한다고? 그게 꿈같은 일임에도 불가능하지만은 않다는 사실에 놀랄 뿐이다. 우리는 가져온 책들을 기증하고 《불편한 편의점》의 스페인판과 함께 다시 만날 날을 기약한 뒤 문화원을 나선다.

＊

다음 날 아침, 나는 다시 달린다. 이번에는 도시를 남북으로 가로지르는 대로를 달려 마라톤 광장을 지난다. 오르막길을 지나 마침내 레지던시 앞에 다다른다. 나는 정문 앞에서 서성이다 마치 4년 전 어느 날에 조깅을 마치고 돌아오듯 정문을 통과한다.

심장이 떨리는 건 달려서일까, 추억의 멀미 때문일까?

서서히 걸음을 멈추고 내가 묵었던 레지던시 숙소 건물 앞에 다다른다. 스마트폰으로 내 방 326호로 추정되는 나무 창문을 찍는다. 그리고 레지던시 본관 앞 벤치에 가 앉는다.

왠지 본관으로 들어가면 안 될 것만 같다. 이곳의 출입증이야말로 책일 것이다. 《나의 돈키호테》를 지니지 않고는 들어가면 안 되는 구역인 것만 같다. 나는 자리에서 일어나 본관 입구를 사진에 담은 뒤 잠시 고개를 숙이고는 레지던시를 빠져나온다.

왈칵, 딸꾹질하듯 눈물이 잠시 흐른다. 지치고 무너진 나를 받아 준, 다시 소설을 쓸 수 있게 해 준 이 이국의 아지트를 결코 잊지 않으리라 다짐해 본다.

25
마이 매드 마드리드

내일이면 마드리드를 떠난다. 《나의 돈키호테》 속 마드리드 장면은 생각보다 많지 않다. 세르반테스 축제에 참여한 뒤 마드리드로 온 라만차 클럽은 하루 동안 각자 원하는 시간을 갖기로 한다. 누구는 카페 투어를, 누구는 기념품 쇼핑을, 누구는 레알 마드리드 경기 관람을, 누구는 미술관 관람을 계획한다. 그리고 누구는 누구와 당일치기 세비야 여행을 떠난다. 감옥에서도 꿈을 꾼 자의 모습을 확인하고자 두 명의 산초 혹은 돈키호테는 다시 먼 길을 떠나게 된다.

마드리드의 마지막 날에 나 역시 뭘 할까 고민했다.

마치 4년 전 출국 전날을 연상케 한다. 문화원 방문과 추가 취재는 모두 마쳤고 가보고 싶었던 음식점도 다시 찾았다. 레티로 공원 조깅 미션도 마쳤고 레지던시도 찾아가 결심을 다졌다.

그래. 이제 복을 받을 차례다. 알칼라 데 에나레스 세르반테스 동상의 전언이 떠올랐다. 그는 내게 스페인 광장이 다시 열린 사실을 알렸고 그곳에 건재한 그들에게 복을 받으라고 덧붙였다.

스페인 광장.

4년 전엔 공사 중이었던 그곳. 가림막이 둘러쳐져 제대로 볼 수 없었던 세르반테스와 돈키호테 그리고 산초 판사의 동상을 이제 목격할 수 있게 됐다.

사람들은 왜 동상을 만들까? 그따위 것 비둘기 화장실이 아닌가? 누군가를 기념하기 위해 만든 고철 덩어리라고만 생각했던 동상에 빠지게 된 건 그것이 주는 '현존'의 감각 때문이다.

모두 알다시피 소설은 없는 이야기를 꾸며 쓰는 행위다. 때론 너무도 막막해 누가 내게 강제로 자기 이야기를 주입해 주길 바랄 때도 있다. 이른바 악마에게 필력을 팔더라도 내게 창작의 글감을 준다면 복종하겠소,

라는 불온한 유혹에도 시달린다. 그래서 글감 혹은 아이디어가 떠오를라치면, 맹렬히 그걸 붙잡고 매달리고 마치 개싸움에 나선 도사견처럼 상대를 물고 놓지 않는 것이다.

《불편한 편의점》은 '편의점이 불편하다'는 아이러니한 제목 하나를 물어뜯으며 이야기를 키워 나갔고, 시도 때도 없이 동네 편의점을 들락날락거려야 했다. 《망원동 브라더스》는 타이라 뱅크스 쇼에서 들은 브로맨스*라는 단어에 천착해 비가 오든 눈이 오든 망원동을 쏘다니며 소설을 썼다. 《파우스터》와 《나의 돈키호테》는 추앙하는 원전을 모티브 삼아 이야기를 파고들어 갔다. 《파우스터》를 쓸 때 작업이 안 풀리면 《파우스트》 양장본을 베고 자곤 했는데, '목침형 판형'인 덕에 베고 자기에도 훌륭했다. 또한 그 책이 마치 '연결체'라도 되는 듯 베고 자면 《파우스트》의 내용들이 자연스레 내 머리에 흡수되는 것만 같았다.

《돈키호테》는 목침이 두 개나 돼서 번갈아 가며 벨

---

* 타이라 뱅크스 쇼에서 언급됐다는 이 단어를 들은 게 2010년경이었을 것이다. 지금은 한국에서 일반화된 단어지만 당시엔 매우 신선했고, 이에 한국형 브로맨스에 대해 아이디어를 펼쳤다.

수 있었다. 또 스페인 측의 레지던시 제공으로 3개월간 《돈키호테》와 세르반테스에 관한 온갖 흔적과 자료를 섭렵할 수 있었다. 이런 물성을 체험하는 건 소설가에게 꽤 중요하다. 작가들은 모두 내 글이 최고야 하는 '자뻑병'과 도저히 못 봐주겠네 하는 '내 글 구려병' 사이에서 오락가락한다. 이런 자들에게는 만지고 기대야 할 토템이 필요한 것이다.

이제 그 토템의 끝판왕이 있는 스페인 광장으로 향한다.

＊

스페인 광장은 그랑 비아의 시작점이기도 하다. 김 대표와 나는 단단히 신발 끈을 묶고 호텔에서 나와 그랑 비아 방면으로 걷는다. 가는 길에 있는 단골 추로스 집에서 요기도 하고 다시 걷는다. 마드리드 최고 번화가인 그랑 비아에 도착한 뒤엔 관광객 물결을 가로질러 행진하듯 시작점으로 향한다.

마침내 도착한 스페인 광장은 공사 가림막이 모두 사라진 채 뻥 뚫려 있다. 탁 트인 개방감에 가슴이 다 시원하다. 공원 한쪽엔 푸드 트럭이 들어와 있어 다가가 보니 라틴아메리카 음식 전문 푸드 트럭이 모여 있다. 멕시코, 코스타리카, 베네수엘라, 파라과이, 아르헨티나 등 각국의 비슷하지만 다른 음식들을 파는 트럭들의 모양새가 신선했다. 스페인어권 문화의 중심인만큼 마드리드에서는 이런 행사가 많이 열린다.

멕시코 푸드 트럭의 빅 사이즈 모히토에 군침을 삼키다 김 대표의 잔소리를 듣고는 서둘러 푸드 트럭 행사장을 빠져나온다. 그러자 광장 중앙에 우뚝 선 웅장하고 거대한 탑이 눈에 들어온다. 세르반테스 서거 300주년을 기념해 세운 기념탑이다.

걸음이 빨라진다. 나와 김 대표는 기념탑의 정면을 향해 경보하듯 서둘러 간다. 기념탑 주위에는 라만차 지역에서 가져다 심었다는 올리브 나무들이 보인다. 마치 우리를 반기듯 가지를 들어 손을 뻗은 올리브 나무를 지나 탑의 정면에 선다.

아, 어쩌면 4년 전 여기 오지 못한 건, 스페인 광장의 세르반테스를 직면하지 못한 건, 바로 지금의 클라이맥스를 위한 설정이 아니었나 싶을 정도로 압도적이다. 웅장하고 위엄 있으며 당당하기 그지없다.

탑 앞엔 소설 《돈키호테》 속 두 주인공인 로시난테를 탄 돈키호테와 당나귀를 탄 산초 판사의 동상이 있고, 탑 중앙엔 내가 이 녀석들의 조물주라는 듯 세르반테스 동상이 그들을 내려다보며 앉아 있다. 오른손에는 《돈키호테》를 쥐고, 다친 왼손에는 망토를 두른 채 자신의 피조물들에게 진군하라고 말없이 외치고 있다. 그리고 탑의 양옆에는 둘시네아와 알돈자 로렌초의 동상도 있어 이야기에 생생한 입체감을 더해 준다.

김 대표는 분주히 동상 주위를 돌며 사진을 찍고 있다. 나는 가만히 그 모습을 바라보다가 내가 해야 할 일을 하기로 한다.

나는 돈키호테와 산초 사이로 들어가 세르반테스를 올려다봤다. 돈키호테와 산초 동상에 손을 얹은 채 고개를 쳐들어 바라본 세르반테스 동상은, 내게 한없이 너그러운 작가 선배에 다름 아니다.

"선배님. 글쓰기가 너무 고달픕니다. 제게 감당할 능력과 축복을 내려주소서."

"네가 아무리 힘들어 봐야 나보다 더했겠느냐. 나약하기 그지없구나. 그러고도 무슨 축복을 바라느냐."

"황송합니다만, 당신의 이야기에 홀려 여기까지 왔

으니 어쩔 수 없습니다. 부디 《나의 돈키호테》를 끝까지 완성할 수 있게 해 주세요. 겨우 초고를 완성했으나 여기 와 돌아보니 다시 써야 할 게 라만차 평원에 깔린 도토리나무 열매만큼이나 널렸습니다."

"어리석은 것. 너는 해낼 것이니 그만 방랑하고 돌아가 책상 앞에 앉거라."

"방랑이라뇨. 취재와 복을 얻으려 극동아시아에서 이 먼 곳까지 다시 왔습니다."

"어쭙잖은 소리. 고작 하몽과 또르띠야를 먹으러 다시 온 것이겠지. 작가랍시고 헤매는 꼴은 과거의 나로 충분하다. 나는 《돈키호테》를 쓰기 위해 전쟁도 치르고 포로도 돼 봤다. 너는 무엇과 싸우고 무엇을 지켜 여기까지 왔느냐?"

"나약한 저 자신입니다."

"음. 그건 그럴듯하군. 글쓰기도 결국 스스로와의 싸움이지. 책이 나오면 책이 나오는 대로 타자와의 싸움이 시작될 것이고. 그러나 잊지 말게. 독자들은 언제나 책을 찾는다네. 네가 쓰면 그들이 몰려올 거다."

"정말이죠. 정말로 그렇게 될 거라고 다시 말해 주세요."

"여기 탑 꼭대기를 한번 보게나."

나는 고개를 들어 세르반테스 그 너머 꼭대기를 살폈다. 그곳에는 커다란 지구와도 같은 구체와 그것에 기대 책을 읽는 다양한 사람들의 동상이 조각돼 있었다. 누구는 가슴을 내놓고, 누구는 투구를 쓰고, 모두 책을 펼친 채 독서에 몰두하고 있었다.

"저들을 보라. 책을 읽는 세계 시민들이다. 인류는 독서라는 마법을 발휘해 과거와 대화하며 문명을 밝혀 왔지 않느냐. 김 작가, 자네 역시 독자라는 사실을 잊지 말게. 자네가 《돈키호테》를 읽은 만큼만 작품을 쓰면 된다네. 내 책을 통해 우리는 충분히 대화를 나누지 않았나. 그러니 이제 쓸데없는 소리 말고 돌아가게. 이야기 속으로 다시 모험을 떠나게."

나는 아무 말도 할 수 없었다. 그를 올려다보던 고개를 푹 숙인 채 묵념인지 기도인지 감사의 표현인지 모를 동작을 취했다. 김 대표의 외침에 간신히 몸을 돌린 나는 그녀의 요구에 따라 포즈를 취해야 했다.

돈키호테와 산초 사이에서, 세르반테스의 또 다른 피조물인 척하며.

26
바야흐로 바르셀로나

나는 지금 바르셀로나행 고속철 '렌페'의 창가 좌석에 앉은 채 카스티야 평원을 바라보고 있다. 기차는 사라고사를 지나 바르셀로나 산츠역에 도착할 예정이다. 마치 돈키호테 2편의 그 경로를 지나는 것만 같다.

4년 전 마드리드에 체류하는 동안 바르셀로나에 가지 못했다. 《돈키호테》 2편의 종착지이자 이 이야기의 마지막 모험이 펼쳐지는 그곳에 미처 다다르지 못했다. 거기엔 여러 가지 이유가 있다. 다만 언젠가 다시 스페인에 취재를 왔을 때를 위해 남겨 뒀다고 말하고 싶다.

사실 《나의 돈키호테》엔 바르셀로나 장면이 없기에

딱히 취재할 게 있는 건 아니다. 그럼에도 바르셀로나를 찾은 이유는 《돈키호테》의 마지막 모험 장소라는 사실 때문이다. 세 번째 기사도 여정을 떠난 돈키호테와 산초 판사가 우여곡절을 겪으며 다다른 바르셀로나는, 젊은 세르반테스가 고국을 등지고 이탈리아로 떠나기 위해 온 항구이기도 했다. 또한 하얀 달 기사와의 결투에서 돈키호테가 처절한 패배를 당한 뒤 고향 라만차로 돌아가게 된, 세르반테스에게나 돈키호테에게나 무척이나 운명적인 공간이다.

바르셀로나에서의 취재는 결국 돈키호테의 마음으로, 세르반테스의 감정으로 이 도시를 체험하는 일이 될 것이다. 물론 내게도 바르셀로나는 애틋한 감상을 불러일으키는 도시다. 대학생 시절 배낭여행으로 찾아와 성 가족 성당을 마주하고 기함을 한 기억이 있는 도시이자, 8년 전 신혼여행의 마지막 도시로 좋은 추억을 쌓은 곳이다.

옆자리 김 대표는 고개를 기울인 채 낮게 숨 쉬며 잠들어 있다. 김 대표는 알고 있을까? 내가 그녀와 함께 다시 바르셀로나에 오기 위해 이곳을 아껴 뒀다는 걸. 8년 전 늦가을, 안달루시아 지방 여행을 마치고 그라나

다에서 브엘링을 타고 바르셀로나에 도착한 우리는 가난한 중년의 배낭여행객이었다. 여비는 점점 고갈됐고 람블라스 거리 뒷골목의 에어비앤비 숙소는 마룻바닥이 꺼져 있었으며 라디에이터를 켜면 전원이 나가곤 했다.

우리는 가우디의 유산을 섭렵하고 마침내 성 가족 성당에도 입장했다. 몬세라트 수도원에 방문해 검은 성모에게 결혼 생활의 지혜와 행복을 구했다. 정해진 예산으로 시댁과 처가의 선물을 사기란 힘든 일이었고, 마지막 스페인 음식을 즐기기 위해 가성비 식당을 찾아 헤매야 했다. 그때도 아내는 모든 예약과 계산, 주문과 요리를 담당했다. 나로 말할 것 같으면 할 수 있는 게 길 찾기와 짐 나르기밖에 없는, 상당히 무능한 남편이었다.

다시 찾은 바르셀로나에서는 8년 전보다는 나은 남편이길. 하지만 이번에도 김 대표는 회사의 유일한 소속 작가를 챙기느라 바쁠 것이다. 나는 김 대표에게 고마움과 안쓰러움을 느끼며 잠든 그녀의 얼굴을 휴대폰에 담는다.

그러고 나서 낮은 구릉이 이어지고 멀리 산맥이 펼쳐

진 차창 밖 풍경을 감상한다. 저 멀리 몬세라트가 보이는 듯도 하다. 기차는 로시난테 저리 가라는 듯 맹렬히 종착역으로 향하는 중이다.

＊

숙소로 정한 호텔은 보케리아 시장 뒤쪽 거리에 자리하고 있다. 입지도 좋고 옛 아파트를 개조한지라 공간감도 좋다. 여장을 푼 우리는 도장이라도 찍듯 람블라스 거리로 향한다. 엄청난 인파의 관광객을 뚫고 람블라스 거리를 걸으며 바르셀로나의 공기를 음미한다. 이윽고 고딕 지구 골목으로 접어들어 츄레리아를 찾아간다. 신혼여행 시절 1일 1추로스를 가능하게 했던 추로스 맛집 츄레리아는 이미 관광객으로 붐비고 있다. 친구가 유명해져서 아는 척하기 힘든 기분으로 잠시 물러서 있다 기회를 봐 주문을 한다. 기본 하나, 초코 하나. 와작 씹는다. 츄레리아의 추로스를 먹자 진짜로 바르셀로나에 왔다는 실감이 난다. 고딕 지구를 나온 우리는 버스를 타고 바다로 향한다.

바르셀로나는 항구도시다. 해변이 있는 관광도시다.

몬주익 언덕 아래로 보이는 항만에 배가 가득한 모습을 보니 돈키호테와 산초가 이곳에 도착한 대목이 떠오른다.

산초는 처음 목격한 바르셀로나 바다에 떠 있는 갤리선들을 보고 깜짝 놀란다. 《돈키호테》 1편으로 인해 이미 셀럽이 된 돈키호테는 갤리선 함장의 환영을 받으며 산초를 데리고 배에 오른다. 갤리선의 움직임에 익숙한 돈키호테와 달리 산초는 도무지 정신을 못 차린다. 노를 젓는 죄수들을 보며 산초는 저자들은 무슨 죄를 지어 저리 고생하느냐고 묻는다. 그러자 돈키호테는 자네도 원한다면 지금이라도 당장 내려가 웃통을 벗고 노를 저을 수 있노라고 너스레를 떤다.

세르반테스는 해군이었다. 레판토 해전에서의 승전보에 한몫했지만 왼팔에 부상을 입었다. 그리고 터키 해적에게 잡혀 알제리에서 5년이란 시간을 포로로 지내야 했다. 아마도 갤리선의 노를 저으며 보냈을 것이다.

그리하여 이 대목은 최고의 핍진성을 가동한다. 세르반테스는 지중해와 갤리선에 대해 너무도 잘 알고 있으며, 그곳에서 노예처럼 노를 젓던 고통과 굴욕을 이제 돈키호테가 돼 함장에게 환영받는 셀럽으로 작품 안에서 한껏 분풀이 중인 것이다.

《돈키호테》는 그런 소설이다. 이성과 대의명분을 강조하는 고답적이고 철학적인 내용만이 아닌, 동시대 평범한 사람들의 넘치는 생의 서사가 흩뿌려져 있다. 세르반테스 자신이 평생 불편부당했고 불운했던 루저였다. 세상을 떠돌았고 배운 것과 다른 현실에 좌절했다. 뒤늦게 소설가가 됐지만 첫 책은 실패했고 뒤이은 시집과 극작 활동도 인정받지 못했다. 58세란 늘그막의 나이에 《돈키호테》 1편을 완성해 큰 인기를 끌었지만, 저작권을 출판사에 다 넘긴지라 별 수익을 얻지도 못하고 수많은 모방작의 탄생에 괴로워해야 했다. 그리고 10년 뒤, 마침내 모방작들을 잠재울 2편을 완성하고 얼마 지나지 않아 생을 마쳐야 했다.

그는 사후 《돈키호테》가 이렇게 오랜 시간 동안 전 세계 사람들에게 읽힐 줄 알았을까? 장삼이사의 온갖 이야기를 모험하는 돈키호테와 산초가 후대 사람들에게 영원히 사랑받는 캐릭터로 남을 줄 알았을까?

앙드레 말로는 "예술은 인간이 운명을 자기의 것으로 만드는 수단"이라고 했다. 세르반테스는 소설이라는 이야기 예술을 통해 자신의 운명을 완성했다.

그리고 그의 이야기는 여전히 세상을 모험하는 중이다.

내게도 찾아와 《나의 돈키호테》가 되어 가는 중이다.

＊

다음 날 점심, 신혼여행 때 애용했던 식당 라 플라우타를 찾아간다. 코로나 시대를 이겨내고 여전히 영업 중이라 반갑기 그지없다. 여기는 메뉴 델 디아(오늘의 메뉴) 2인을 시키면 하우스 와인 한 병이 무료로 제공된다. 정말이지 스페인까지 와서 김혜자 선생님의 성함을 외칠 수밖에 없는 곳이다.

점심 메뉴와 함께 역시 떡하니 와인 한 병이 나온다. 나는 흡족해하며 김 대표와 나의 잔에 붉은 술을 따른다. 8년 전으로 돌아간 듯 만족감을 느끼며 건배한다. 이제는 좀 더 비싼 식당을 찾을 수도 있고, 좀 더 비싼 와인을 시킬 수도 있지만 우리는 여전히 가성비 음식과 추억의 식당을 찾는다.

《불편한 편의점》의 큰 성취 이후에도 삶은 변함이

없다. 세르반테스와 비교하긴 어렵겠지만 내게도 힘겨운 시절이 있었다. 굴욕스러운 날들이 있었다. 올해 초, 동네 버스 정거장에서 버스를 기다리다 김 대표가 길 건너의 녹즙 판매소를 가리켰다. 그녀는 몇 해 전 녹즙 배달을 해보기 위해 저길 가보려고 했다며, 당시 힘들었던 가정 경제를 떠올리게 했다. 그즈음 몸이 좋지 않던 그녀는 바리스타 일을 그만두고 시나리오 작가 일을 준비하던 때였다. 그리고 당장은 시나리오를 써 돈을 벌 수 없다는 걸 (남편의 삶을 봐 오며)깨달았기에, 녹즙 배달을 하며 글을 쓸 생각이었던 것이다.

건강한 생각이고 고마운 마음이었다. 하지만 아내 한 명의 삶을 도울 수 없을 정도로 가난한 작가로 살았다는 생각이 들자 목에서 피 냄새가 나는 것만 같았다.

세르반테스는 얼마나 힘들었을까?

다른 작가들은 어떻게 글을 쓰며 살아간 걸까?

문득 소설가를 포기하겠다고 마음먹은 자신이 부끄러워졌다. 견디고 또 쓰다 보면 행운을 얻을 수도 있고 독자들의 사랑을 받을 수도 있을 텐데, 매번 불평하고 좌절감을 과장하며 자기 연민을 핑계로 술독에 빠지곤 했다.

무라카미 하루키의 집필 에세이 《먼 북소리》에 보면 이런 대목이 나온다.

> "《상실의 시대》가 백몇십만 부나 팔리고 나자, 나는 굉장히 고독했다. 그리고 내가 많은 사람들에게 미움을 받고 있는 것처럼 느꼈다. 왜 그랬을까? 표면적으로는 모든 일이 잘되어 가는 것처럼 보였지만 실제로는 그때가 내게는 정신적으로 가장 힘든 시기였다."[*]

《불편한 편의점》이 밀리언셀러가 되고 난 뒤 나 역시 고독해졌고 마음이 불안해졌다. 가면 증후군이랄까, 왠지 내 것이 아닌 것 같고 내가 이걸 받아들일 그릇이 되는지 매시간 되물으며 자신을 괴롭혔다. 무례한 요구와 참기 힘든 유혹도 많았다. 스스로를 지키기 위해 뜻하지 않은 불통을 선택해야 했다. 행과 불행은 함께 찾아온다고 개인사에도 힘겨운 일들이 반복돼 불안 장애를 겪어야 했다. 그러니까 이 모든 건 돈키호테의 모험 같은 것이었다. 세르반테스의 고난과 영광 같은 길이

---

[*] 《먼 북소리》. 무라카미 하루키 지음. 윤성원 옮김. 문학사상사.

었다.

2019년, 마드리드에서 시작된 돈키호테와도 같은 나의 미친 행진이 4년 넘게 지속돼 왔고, 이제 여기 바르셀로나에서 멈추기를 갈구했다. 돈키호테는 바르셀로나에서 하얀 달 기사와의 결투에서 패한 뒤 고향 라만차로 돌아가 평범한 시골 노인 알론소 키하노로 죽음을 맞이한다. 그는 유언 중에 이렇게 말한다.

"……지난해의 둥지에는 이미 올해의 새가 없는 법이오. 나는 미치광이였지만 이제 제정신이라오. 돈키호테 데 라만차였지만, 지금은 아까도 말했듯이 착한 자 알론소 키하노라오. 나의 후회와 이러한 진심이 여러분들이 내게 가졌던 존경을 되돌려 주길 바라오……."

귀국 후 무엇에 홀린 듯 다시 소설을 썼고 큰 영광을 얻었다. 하지만 이제 마음을 다잡고 일개 소설가 김호연으로 살아야 한다. 《나의 돈키호테》를 완성하고, 다음 작품을 쓰고, 다음 작품을 또 써야 한다. 그 길을 걷는 한 로드 픽션도 계속될 것이다. 그게 독자들에 대한 보답이기에 나는 라만차의 알론소 키하노처럼 정신을 차리되 죽지는 않고, 죽치고 앉아 계속 쓸 것이다.

＊

《돈키호테》의 마지막 문장으로 《나의 돈키호테》와 《불편한 편의점》을 쓰던 시절의 집필과 방랑의 일대기, 길위의 이야기를 마칩니다.

"나의 돈키호테에 관한 진실된 이야기로 인하여 그런 이야기들은 이미 넘어질 듯 넘어질 듯 비틀거리니, 마침내 완전히 넘어지게 되리라. 안녕."*

* 《돈키호테 2》. 미겔 데 세르반테스 사아베드라 지음. 안영옥 옮김. 열린책들.

에필로그

2024년 2월. 다시 또 마드리드.

4개월 만에 이곳에 돌아올 줄은 (늘 그렇듯)꿈에도 몰랐다. 2월 초 이탈리아와 스페인에서 동시에 《불편한 편의점》이 현지어로 출간됐고, 스페인 출판사 두오모는 주 스페인 한국문화원과 협력해 우리를 이곳으로 초청했다.

　오늘은 마드리드, 내일은 바르셀로나, 그리고 스페인 출판사와 형제 회사인 이탈리아 출판사의 초청으로 그 다음 날은 알 이탈리아 항공을 타고 로마로 넘어가 일정을 소화할 예정이다. 다음 날 역시 밀라노로 가 일정을 소화해야 한다. 밀라노 역시 4개월 만에 재방문이다. 4개월 전 밀라노에서 마드리드가 이번엔 마드리드에서 밀라노로 바뀌었을 뿐.

한 도시에서 하루, 낮에는 수십 개의 인터뷰를 하고 밤에는 현지 독자들과 북 토크를 해야 한다. 이 벅찬 일정에 내 가슴도 벅찰 따름이다. 김 대표만이 일정의 전체 진행을 담당하며 바쁘기 그지없다. 나는 현지 인터뷰를 하면서 내 책만 생각하고 북 토크를 하면서 독자만 생각하기로 한다.

아무튼, 아무렴, 어쨌거나, 각설하고, 이렇게 마드리드에 다시 오고야 말았다.

✳

마드리드 시내 솔 광장 근처 서점 라 미스트랄La Mistral에서 소설가 김호연의 첫 스페인 북 토크가 열린다. 멋쟁이 서점 매니저 페데리코의 사회로 서점을 꽉 채운 150여 명의 스페인 현지 팬과 마주하자 엄청난 긴장이 몰려오기 시작한다. 이게 웬일이지? 책들은 다 읽고 오신 건가?

페데리코는 서점이 이렇게 만원이 되기는 오랜만이라며 덕담을 하고, 출판사와 한국문화원 관계자들도 적잖이 고무된 표정이다. 한류 열풍으로 K-노벨에도 관심이 많아진 상황인지라 현지 팬들의 반응은 정말이지 뜨겁다.

불과 5년 전, 소설가 폐업을 마음먹었던 작가는 스페인에 와 다시 소설을 쓸 힘을 얻었고, 밀리언셀러를 만들어 냈다. 믿어지지 않는 사실 속에서 돈키호테의 꿈과 포기하지 않는 끈기를, 그 시작이었던 마드리드의 날들을 떠올려 본다.

페데리코의 오프닝 멘트와 한국문화원 신재광 원장님의 인사로 행사가 시작된다. 잠시 뒤 내가 소개된다. 나는 일어나 몸을 숙여 한국식 인사를 한 뒤 그들을 바라보며 입을 연다.

"올라. 브에나스 디아즈. 미 놈브레 김호연. 께 딸?"

✳

한 시간이 어떻게 흘러갔는지 모르게 어느새 북 토크는 마무리에 접어들었다. 페데리코와의 합은 잘 맞았고 언론 인터뷰부터 함께해 준 통역사님은 프로페셔널이었다. 그리고 스페인 독자들은 《불편한 편의점》과 한국

문학을 받아안을 준비를 마친, 예비 애독자들이었다. 어두운 관객석에서 빛나는 갈색 눈동자, 세련된 헤어스타일과 한껏 꾸민 옷차림들. 내가 아는 마드릴레뇨들이었다.

이윽고 페데리코가 마지막 질문을 던진다.

"작가님, 차기작은 혹시 어떤 작품인지 말해 주실 수 있나요?"

나는 기다렸다는 듯 숨을 한 번 고른 뒤 힘줘 답한다.

"곧 완성될 제 신작의 제목은 《나의 돈키호테》입니다."

'한국어 패치'가 완료된 일부 현지 독자들이 술렁이기 시작한다. 통역이 《미 엘 키호테Mi El Quijote》라고 말하자 곧 서점 전체에 낮고 웅장한 탄성이 깔린다.

그들과 나의 이야기가 그렇게 완성되고 있었다.

감사의 글

(등장 순서에 따라)토지문화재단, 스페인 문화지원국(AC/E), 헤지덴시아 데 에스튜디안테스, 테리 길리엄, 라우라, 비올레타, 앙헬리카, 미겔 데 세르반테스 사아베드라, 김이정 님, 제리 살츠, 나예원 님, 다비드 발리엔테, 이구용 님, 호세 루이스, 변용균 님, 김용화 님, 아인오아 산체스, 정미강 님, 김주미 님, 정임숙 님, 이수철 님, 김숙겸 님, 페데리코 가바리, 신재광 님, 김파카 님, 이다혜 님, 허희 님, 황재환 님 그리고 푸른숲 조한나 님, 김교석 님, 문창운 님, 박혜인 님에게 깊은 감사를 올립니다.

AND

저의 이야기를 찾아 읽어 주시는 애독자 여러분, 언제나 고마워요!

2025. 봄. 김호연

나의 돈키호테를 찾아서

첫판 1쇄 펴낸날 2025년 3월 18일

지은이 김호연
발행인 조한나
책임편집 박혜인
편집기획 김교석 문해림 김유진 전하연 함초원 조정현
디자인 한승연 성윤정
마케팅 문창운 백윤진 김민영
회계 양여진 김주연

펴낸곳 (주)도서출판 푸른숲
출판등록 2003년 12월 17일 제2003-000032호
주소 서울특별시 마포구 토정로 35-1 2층, 우편번호 04083
전화 02)6392-7871, 2(마케팅부), 02)6392-7873(편집부)
팩스 02)6392-7875
홈페이지 www.prunsoop.co.kr
페이스북 www.facebook.com/prunsoop   **인스타그램** @prunsoop

ⓒ 김호연, 2025
ISBN 979-11-7254-050-0 (03180)